幕末外交と開国

加藤祐三

目次

幕末外交と開国

はじめに

一八五三年七月八日（嘉永《かえい》六年六月三日）、浦賀《うらが》沖に巨大な船が現れた。真夏の昼下がり、黒煙をあげて走る蒸気船二隻に帆船二隻。ペリー（M.C.Perry）司令長官が率いるアメリカ東インド艦隊である〔加藤注　以下すべて陽暦を使う〕。

乏しい石炭を節約するため、外洋では帆走につとめたペリー艦隊は、二日前に蒸気走に切り換え、伊豆沖で全艦に臨戦態勢を敷いた。大砲、小銃、ピストル、短剣など、あらゆる武器を動員した。艦隊の大砲は、一〇インチ砲が二門、八インチ砲が一九門、三二ポンド砲が四二門。巨大な破壊力の合計は六三門である。

幕府側の砲台は、いずれも沈黙していた。穏健策の天保薪水令《てんぽうしんすいれい》（一八四二年公布）を敷いていたからである。江戸湾沿いに備えた大砲のうち、ペリー艦隊規模のものはわずかに二〇門ほどである。命中率や破壊力、移動可能性などを総合すれば、日本側の軍備は、ペリー艦隊の十分の一にも満たなかったと推定される。

アメリカ側の記録には、遠くに富士山を望み、陸へ二マイルまで接近したとき、

「数十隻もの大きな舟が艦隊めがけて漕ぎ寄せてきた」とある。

艦隊を取り巻く船をかきわけて、浦賀奉行所《ぶぎょうしょ》の役人二人が小さな番船《ばんせん》で近づいた。巨大な四隻の艦隊の、どの船に呼びかけるべきか。幕府は「ウィンブルという旗を掲げた船が旗艦（司令長官が乗船している船）であることはよく知っていた」と記録している。

アメリカ側の記録によれば、旗艦サスケハナ号に近寄ってきた二人の役人が、「"I can speak Dutch!"（自分はオランダ語が話せる）」と英語で叫んだとある。第一声の主はオランダ通詞《つうじ》（通訳）の堀達之助《ほりたつのすけ》、もう一人は与力《よりき》の中島三郎助《なかじまさぶろうすけ》であった。甲板に立つ水兵には英語しか通じないだろうと推測し、敢えて英語を使った。あらぬ誤解や小競り合いを避けるためである。

ペリー艦隊は、たった一人のオランダ語通訳ポートマンを応対に出す。ポートマンが「提督は高官だけの乗船を希望している」と伝えると、堀は中島を指して答えた。「この方が浦賀の副総督である」。

こうして二人は旗艦サスケハナ号（蒸気軍艦　二四五〇トン）の艦長室に招かれ、ペリーの副官コンティと話し合いに入った。中島が、「浦賀より内は内海（日本の領海）であり、無断で侵入するのは不法である」と厳しく抗議する。

ペリーは、この初めての接触で、高い地位の役人を引き出せたことに期待を膨らませた。当時の欧米諸国は、清朝中国から「対等な地位の役人」を引き出すことができず、その打破が最大の外交課題であった。したがって、最初の出会いで「副総督」という大物が出てきたことは、ペリーの予想をはるかに超える大成功であった。

アメリカ側の記録はつづける。「提督は長官室にとじこもり、副官が応対するという形式を取った」が、これは「実際には提督との会談であった」。

この出会いは、きわめて象徴的である。最初の対話で発砲交戦を避けることができた。それには日米双方の事情があった。見えざる糸が「戦争」を回避させ、「交渉」へと導いた。やがて接触を重ねるうちに、双方ともに「交渉」の重要性を認識し、それに伴う行動を優先させていく。

海軍を持たない幕府は、彼我の戦力を冷静に分析し、戦争を回避する大方針、すなわち「避戦《ひせん》」を基軸にすえた。そのうえで外交に最大の力点を置き、情報を収集し、分析し、それを政策に生かしてきた。例を三つ挙げておこう。

第一に、アヘン戦争（一八三九〜四二年）における中国敗戦の情報を「自国の戒」ととらえ、強硬策の文政令を撤回して穏健な天保薪水令（一八四二年）に切り替えた。

第二に、前年のうちにペリー艦隊来航の予告情報を長崎出島のオランダ商館長から入手し、対応を準備した。

第三に、ペリー来航の地を長崎か浦賀のいずれかと想定して、長崎を中心としていたオランダ通詞の配置を変え、浦賀奉行所の体制を強化した。

一方、ペリー艦隊はどうか。

第一に、巨大な蒸気軍艦の石炭や千人近い乗組員の食料などに必要な、独自の補給線を持っておらず、アジアに強力な補給線を持つ「超大国」イギリスに頼らざるをえなかった。建国から七十七年目の「新興国」アメリカは、旧宗主国イギリスとの関係を強く意識していた。日本と交戦状態になれば、イギリスの「中立宣言」は必至である。その結果、国際法の規定により、イギリス支配下のアジア諸港に寄港できなくなり、物資が断たれる。

第二に、ペリーは「発砲厳禁」の大統領命令を背負って来日した。アメリカ憲法では宣戦布告権を持つのは大統領ではなく、議会である。議会の多数派は民主党であった。副大統領から選挙を経ずに昇任したホイッグ党（共和党の前身）のフィルモア大統領が、ペリーに与えた「発砲厳禁」命令は、したがって重大な政治的意味を含んでいた。

こうした政治的・軍事的な状況下では、ペリーにとっても交戦は何としても避けるべき大前提であった。

軍事発動禁止の厳命を背負ったペリーは、「恫喝」を含めて、どのような外交手段を駆使したのか。独自の補給線を持たず、地球の四分の三を回る「最遠の国」からの黒船艦隊が、日本に加えた「軍事的圧力」「砲艦外交」の実際はどのようなものであったか。

そもそもアメリカのペリー派遣の目的とは何であり、なぜ、この時期なのか。ペリーはどのような日本像を抱いており、その情報源は何であったか。

二〇〇三年七月は、ペリー来航一五〇周年であった。二〇〇四年三月が、横浜における幕府とペリーの日米和親条約締結一五〇周年、すなわち開国一五〇周年となる。それを機に、新しい視点から、幕末に始まる日本の近代外交と、幕末開国の国際的意義を明らかにしたい。日本側からの見方や資料にとどめず、アメリカ側の見方や国際政治を視野に入れ、多方面の資料を突き合わせれば、日米双方の意図や目的、隠された背後関係などが、いっそう鮮明に浮かびあがるはずである。こうした作業を積み重ねて、近代日本の原点である開国を見直すと同時に、日米関係の源流をも明らかにしたい。

第一章　一八五三年　浦賀沖

ペリー艦隊四隻が停泊した浦賀沖は、江戸湾がもっとも狭くなる観音崎—富津《ふっつ》間の、すぐ外洋側に位置する。浦賀奉行所は、江戸湾の出入り船を検問する幕府の役所である。

ペリー来航の翌七月九日、艦隊へ二回目の交渉に行ったのは香山栄左衛門《かやまえいざえもん》である。香山も初日の中島三郎助と同じ与力であった。浦賀奉行所は在勤の奉行と江戸城詰めの奉行の二員制で、一八五〇年の増強後は、その下に組頭《くみがしら》が二名、さらに与力が二十八騎（騎馬が許されるため騎と数える）、同心《どうしん》が百人の編成である。

オランダ通詞の堀達之助と立石得十郎《たていしとくじゅうろう》を介して、アメリカ側に伝わった香山の役職名は、ガバナーである。日本語では「総督」ないし「奉行」になるが、英語のガバナーは強大な権限を持つ。イギリスでは植民地とした香港の総督を指し、アメリカでは州知事を指す。中国では一省または複数省の最高責任者の「総督」ないし「巡撫」で、権限も給与もペリーをはるかにしのぐ。日本では、そのガバナーが出てきた。

香山の記録には、ペリー副官のコンティが「談判をするために来たが、まずは『国王の書簡』（米大統領国書）を〈上官の者〉に渡したい」。「艦隊はカリフォルニアから来た」〔加藤注　事実ではない〕と言ったとある。

香山は長崎へ行くよう諭した。コンティが「ならば江戸に乗り入れる」と返し、「決裂も辞さないつもりか、用向きには白旗を立ててくれれば鉄砲は打たない」ともつけ加えた。「異人一同、顔に殺気をあらわし」と香山は記す。

1　「最遠の国」からの使節

巨大な艦隊

三浦半島に見張りを置く浦賀奉行所は、黒煙を上げ、江戸方向めがけて突き進む四隻の黒船に、すばやく警戒態勢に入った。その報告に「およそ三千石積みの舟四隻、各舟ともに帆柱は三本、帆をたたみ黒煙を上げ飛ぶ鳥のごとく疾走、たちまち見失い候」とある。

当時、日本が所有する大型船は、千石船と呼ばれる物資運搬の廻船で、約百トンである。すべて沿海航行用の平底船で、船底の深い外洋船ではない。一六四一年のキリ

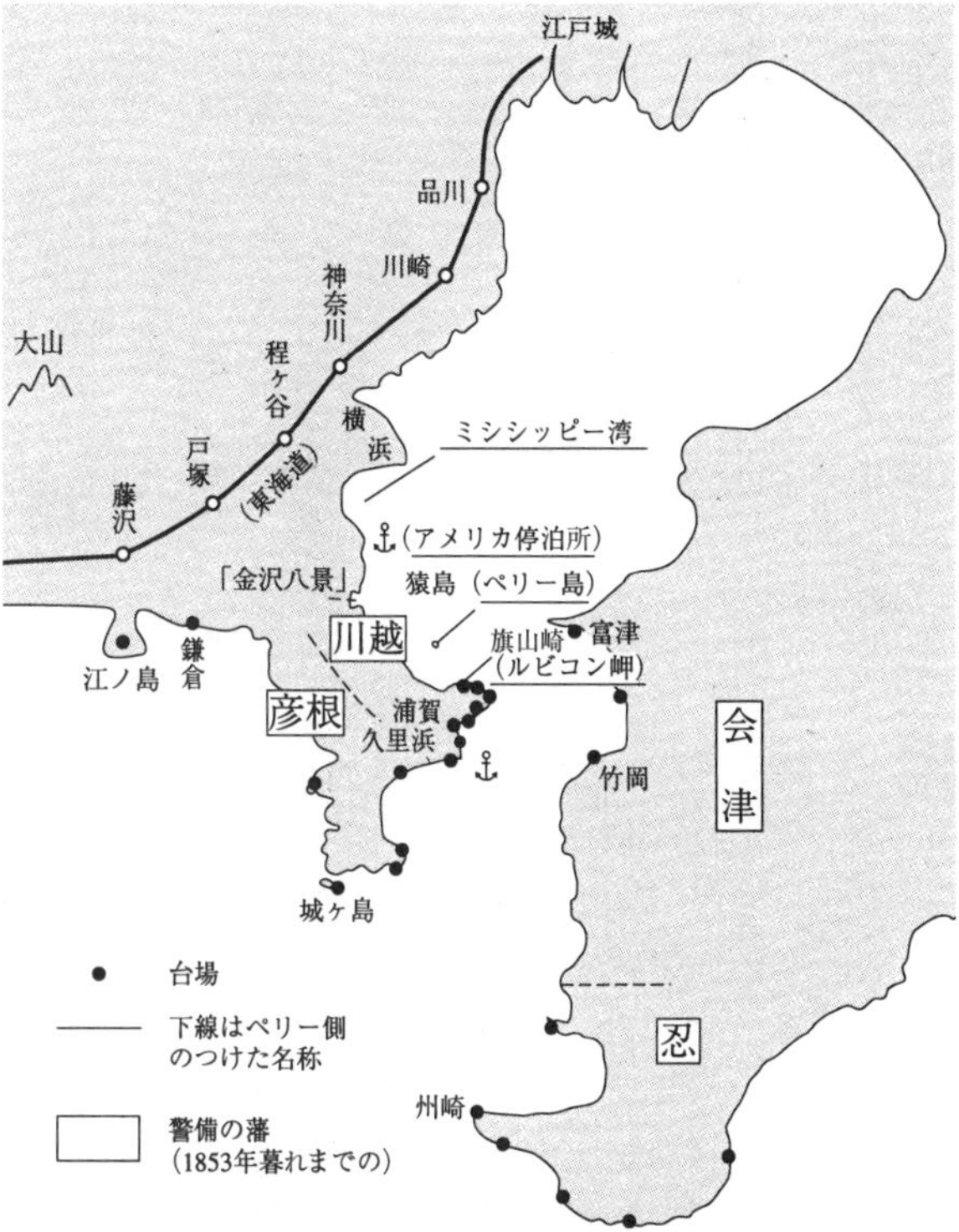

ペリー来航時の江戸湾防備

シタン禁制などを目的とする鎖国政策完成から約二百年が経過、この時点では大型外洋船の所有・建造の禁止が鎖国の大きな柱になっていた。目測で「三千石積みの舟」(約三百トン)と伝えているが、これは明らかな誤測である。

ペリー司令長官を乗せた旗艦サスケハナ号は二四五〇トンの蒸気軍艦、三倍どころか約八倍、全長七八メートル。ミシシッピー号は一六九二トンの蒸気軍艦、他の二隻は八〇〇トンないし九〇〇トン級の帆船である。四隻の乗組員総数が九八八人にものぼる大部隊である。

ペリー艦隊は「最遠の国」への使節であった。浦賀に姿を見せたのは、ペリーがミシシッピー号でアメリカを出航して約七ヵ月半後のことである。太平洋を横断して来たのではない。アメリカ東部の軍港ノーフォーク出港が一八五二年十一月二十四日、十二月十一日大西洋のマデイラ諸島に到着、南下してセントヘレナから喜望峰(ケープタウン)を回り、北上してモーリシャス群島、セイロン島、シンガポールを経由、香港到着が翌一八五三年四月七日、出港から四ヵ月半である。その後、動乱の上海へ出動した。そして琉球、小笠原を経て、ようやく浦賀に至る。

翌年の第二回来航には、蒸気軍艦ポーハタン号が合流する。これは一八五二年建造の新造軍艦で、二四一五トン(乗組員三〇〇人)である。あわせて三隻の蒸気軍艦は、いずれもスクリュー型以前の外輪船で、船体の両脇につけた水車のようなパドル（外輪）を回転させて進む。マストは三本、蒸気走と帆走を兼ねており、汽帆船ともいう。正真正銘、世界最大・最新鋭の黒船であった。ペリー艦隊は巨大な軍艦を前面に、「砲艦外交」を突きつけるように見える。

ミシシッピー号　ノーフォーク出航から中国到着までのペリーの旗艦。1692トン。『金海奇観』より

「超大国」イギリス海軍でさえ蒸気軍艦は、一〇〇〇トン規模であった。一六〇〇トンから二五〇〇トン級の蒸気軍艦はアメリカ海軍だけである。なぜ「新興国」アメリカの海軍だけが巨大な蒸気軍艦を持っていたのか、この問題は第二章で述べる。

物資補給の難しさ

巨大な蒸気軍艦は巨大であるだけに、燃料の石炭を大量に消費する。それがアキレス腱でもあった。地球の四分の三を回るには、燃料確保が不可欠の前提となる。外洋では石炭を節約して帆走す

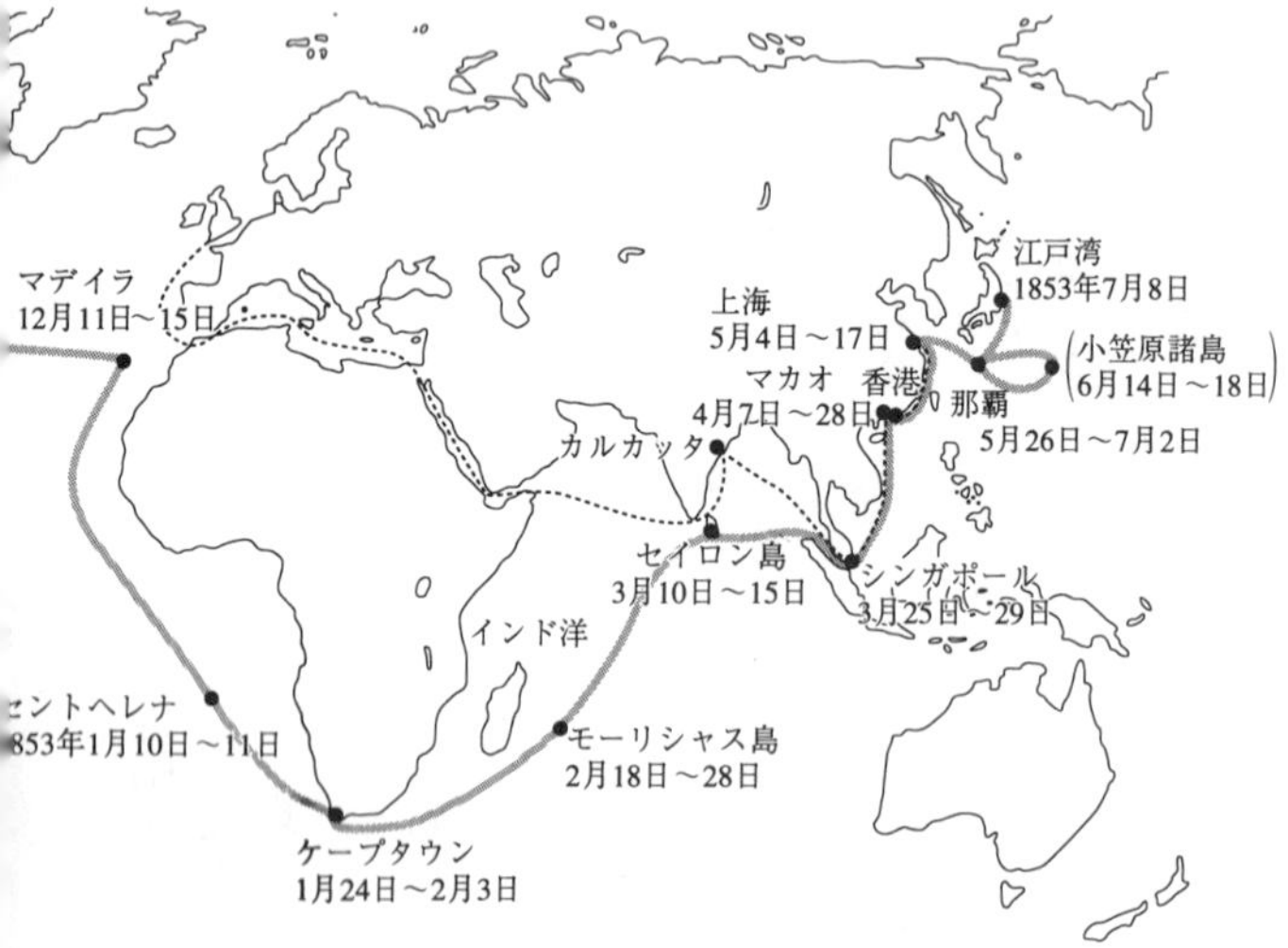

ペリー提督の旗艦航路図　ヴァージニア州ノーフォークより江戸（東京）湾まで。1852年11月24日〜1853年7月8日

ることが多いが、定時に火を入れないと釜がさび付く。燃料を失った蒸気軍艦は「超粗大ゴミ」と化す。

この航海は初めての試みであり、まだ独自の補給線（シーレーン）を持っていなかった。先行させた石炭輸送船からモーリシャスで五〇〇トンを補給したのが、独自補給の最後であった。それではとても足りない。その後の石炭補給をどうするか。ペリーはイギリスの蒸気郵船会社P&O社（The Peninsular and Oriental Steam Navigation

Co.）から買い入れることにしていた。

P＆O社とは、イギリスが国家・外交機密情報（書簡）を運ぶため創設した、蒸気船による国策の郵船会社である。創業は一八三七年。イギリス本国から大西洋を渡り、ジブラルタル（イベリア半島の南端、これが社名の前段にある Peninsular の由来）までの航路、さらにまだ運河のなかったスエズを陸路でつなぎ、紅海へ出て、カルカッタ（現コルカタ）、シンガポール（ここから南下してオーストラリアへ）、香港を結んだ（これが社名の後段の Oriental の由来）。香港へは一八四五年、一八四九年には上海への支線も開通した。その蒸気郵船用の貯炭所では、月に平均十隻の蒸気船が補給を受けていた。

ペリー艦隊は、この会社から石炭と食料を購入する以外に方法がなかった。しかしセイロン（現スリランカ）のポアン・ド・ゴール港で厳しい状況を知らされる。石炭不足を理由に、外国の軍艦には一トンたりとも供給してはならないとの厳命が出ていた。シンガポールでも状況は同じだったが、幸いにも香港の石炭が不足しており、香港での返却を条件に、石炭二三〇トンをやっと入手した。

それればかりではない。四隻の乗組員数は約千人である。第二回来日には九隻、乗組員は約二千人の規模となった。乗組員の食料を確保しなければならない。冷蔵庫のない時代である。保存のきく食料だけでは足りないため、艦上で牛・羊・鶏を飼育した。飼料の穀物や干草が必要となる。喜望峰から北上して香港着までの寄港先は、モーリシャス、セイロン、シンガポールの三港にすぎず、滞在日数はあわせて二十日である。補給後の一航海も平均して二十日間である。補給は重要課題であった。

「日本遠征」と呼んだペリー艦隊の行動は、補給面では無謀ともいえる大航海であった。地球の四分の三を回る長旅と数々の苦難について、ペリー側は日本に意図的に隠した。隠したばかりか、「アメリカから二十日で来られる」と、まだ開かれていない太平洋航路の机上計算を根拠に、日米間がいかに近いかを強調し、援軍はすぐに来ると、日本側に強く印象づけようとした。

2　黒船見物とペリー艦隊

幕末の時代背景

黒船四隻が姿を見せるや、陸路からも海路からも、いっせいに見物人が押し寄せた。威容を誇るアメリカ側の意図を知ってか知らずか、物見高く、かしましい集団である。

松代《まつしろ》藩の佐久間《さくま》象山《しょうざん》は、黒船来航のニュースを翌七月九日に入手するや、江戸藩邸を出発、大森から小舟を雇って金沢沖をめざしたが、強風で舟が出ない。やむなく金川（神奈川）まで歩き、そこで舟を雇い、「帆掛け舟は順風に乗り、すべるように走った」と手紙に記している。

象山には政治的・技術的な強い関心があったが、ほとんどは芝居見物の気分の庶民である。「大島がやってきた」といわれ、飛ぶ鳥の如く疾走する黒船が、いつまでいるか保証はない。恐いもの見たさと新し物好き、今を逃がさじ、と繰り出した。幕府は再三、異国船見物禁止令を出す。しかし従わせることはできなかった。

ペリー艦隊は、それまで来航した帆船艦隊に比べて規模も大きく、水深の測量などをするため行動半径もはるかに広い。日本人との接触の機会はいっそう増えた。アメリカ側の記録は言う。

「投錨に先だって、数多の防備船が続々と海岸を離れ、寄って来るのを認めた。提督は言葉と信号で、旗艦以外には誰も乗せてはならないと命令した。さらに提督は、日本人の乗船は同時に三人まで、それも用件がある者のみとした。従来は、このような人々の乗船をすべて認めるのが海軍の習慣であったが……」

乗船を制限した理由として、一八四六年のアメリカ東インド艦隊司令長官ビッドル（コロンブス号）の経験を挙げる。到着するやたちまち四百隻もの小舟が押し寄せ、異国船を取り囲んだ。日本側の記録には、その数六百隻とある。相当の数であり、すべてが警備の舟とは考えられない。多くは近辺の漁船や運搬船であろう。

「一八四六年、コロンブス号が江戸湾に入港した時には、同時に百名にのぼる多数の日本人を乗船させた。彼らは何の遠慮もなく士官達から歓待をうけて十分に寛《くつろ》いだが、我が方の上陸という話になると、それは不可能だと手真似で答えた」

その経験にもとづき、「ペリー提督は彼らと同じ程度の排他主義を実行し、日本の役人には旗艦サスケハナ号への接触だけを許可すると、あらかじめ決めていた」。

黒船を取り囲む多数の船に対して、ペリー側は「断固たる態度」をとり、奉行所の役人に、即刻、退去させるよう要求した。奉行所の退去命令を受けて、「これらの小船は一斉に散り、艦隊の周辺からは退去したものの、相当数の船が絶えず遠巻きにしていた」とアメリカ側の記録にある。

こうした庶民の行動背景には、物見遊山がきわめて盛んだった当時の風潮がある。江戸の人口は当時、世界最大規模の約百三十万人であった。江戸からは東海道を徒歩で下るか、海路を小舟で南下し、金沢八景（現在の横浜市金沢区）あたりで下船、大山に参詣、下って江ノ島に参るコースが人気を集めた。大山が男性の神、江ノ島の弁天様が女性の神で、両方に参詣すればご利益が倍増する。

もっとも、これは旅に出る口実で、実際には道中の飲食と、豊かな自然に囲まれた二泊三日のストレス解消、そして広く世間を知りたいという好奇心である。その延長上に黒船見物があった。度胆を抜く巨大な黒船、何が起きるか。膨らむ期待といささかの不安。「宵越しの金は持たない」江戸っ子たちの気質にぴったりはまった。

江戸湾防備

江戸湾岸の人々がこぞって黒船見物に出た。支配層にとっては苦々しい風潮である。あらぬ騒動が起きても困る。幕府は、二方面に気を配る必要があった。一方はペリー艦隊、もう一方は庶民や不穏な動きをしかねない連中である。両者に睨みをきかせる。少数の旗本だけでは警備が間に合わない。すでに江戸湾の固《かた》め（警備）には、譜代《ふだい》大名の四藩、すなわち川越《かわごえ》（埼玉県）、彦根《ひこね》（滋賀県）、忍《おし》（埼玉県）、会津《あいづ》（福島県）が動員されていた。四藩とも海のない内陸の藩である。

老中と譜代大名は、いわばヨコの関係にあり、直接的なタテの指令系統にはない。タテの命令系統は老中から奉行所である。したがって、老中から浦賀奉行所へは命令が届いても、浦賀奉行所から直接に四藩に命令を出すことはできない。これが「幕藩体制」と呼ばれる政治形態である。指揮系統は複雑であった。非常時の確かな動員・命令関係が、まだできていなかった。

噂の流布

黒船来航、そのニュースはまたたく間に国内を駆け巡った。公文書、浮世絵、狂歌・狂句、瓦版（ミニ新聞）、手紙、日記、そして口コミ。

◎泰平の眠りをさます上喜撰《じょうきせん》　たつた四はいで夜も眠れず

煎茶の銘柄に「上喜撰」があった。「蒸気船」と同音である。煎茶を四杯も飲めば目が冴えて眠れない。四隻（四杯）の蒸気船では「夜も眠れず」。似た歌に「アメリカを茶菓子に呑んだ蒸気船　たつた四杯で夜もねられず」があり、アメリカに飴をかけている。

◎井戸の水あつてよく出る蒸気船　茶の挨拶で帰るアメリカ

井戸とは、二名置かれた浦賀奉行の一人（江戸城詰め）の井戸石見守《いわみのかみ》との語呂合わせである。水質が合って程よく出た上喜撰を飲んで、茶飲み程度の軽い挨拶で帰帆。確かに、ペリーの第一回滞在は、わずか十日間である。

◎アメリカが来ても　日本はつつがなし

筒（大砲）がないことと、恙無い（無事）を掛けている。

◎日本へ向ひてペロリと舌をだし

ペリーの名はオランダ語風にペルリ、ヘロリなどとも書かれている。ペロリ、あかんべ〜か。

◎馬具武具屋　渡人さまとそつといひ

泰平の時代がつづき、馬具や武具を扱う商売はさびれていたが、黒船来航でいよいよ天下大乱か。商売繁盛、だが大声では言えない。

◎兵糧の手当に米の値があがり　武家のひそかに黒船さま

武士の俸給は米である。まずは食用にしたが、残りは売って現金に換えた。兵糧手当に米の値上り。ありがたや。
◎永き御世《みよ》なまくら武士の今めざめ　アメリカ船の水戸のよきかな

水戸とは警世家で対外強硬派ともいわれた御三家《ごさんけ》の水戸（茨城県）の徳川斉昭《なりあき》をさす。目の前の黒船が、長い平和ですっかりなまくらになった武士の覚醒剤となった。水戸殿は溜飲を下げる。

内容からみて、これらの歌は、十日間で終わった第一回ペリー来航の時に詠まれたものであろう。安堵した気配や、揶揄や好奇心が強く出ている。艦砲射撃で街が焼かれた、武士達が艦隊に切り込んだなど、緊迫した様子のものは一つもない。これがほかならぬ現実であった。

3　対外政策の変遷

幕府の対外令

ペリー来航時の幕府の対外政策は、一八四二年に公布された穏健策の天保薪水令《てんぽうしんすいれい》であった。一八二五年公布の強硬な「異国船無二念打払令《いこくせんむにねんうちはらいれい》」（年号をとって文政令《ぶんせいれい》と略称）を撤回し、一八〇六年の文化令《ぶんかれい》に復す形式で、穏健策を敷いていた。幕府は対外策の決定に、日本に来航する異国船と接して得た直接情報と、間接情報として長崎に入る海外情報を生かしていた。海外情報には中国船・オランダ船が長崎にもたらす書籍類と、幕府が提出を義務づけた風説書《ふうせつがき》（最新情報）とがある。風説書は情報源を区別して、唐《とう》風説書、和蘭《オランダ》風説書と呼んだ。とりわけアヘン戦争（一八三九～四二年）の軍事衝突に幕府は強い衝撃を受けた。

幕府の対外政策を簡単に見ておきたい。キリシタン禁制などを内容とする「鎖国」が完成した一六四一年から、およそ百五十年を経た十八世紀末以降、鎖国政策の持つ役割は大きく変わり、主に次の三点となっていた。

①キリシタン国以外の外国船（異国船）への対処
②日本人の海外渡航禁止
③大型外洋船の所有・建造の禁止

十八世紀も末になると、異国船が日本近海に出没する事件が多発し、旧来のままの鎖国政策維持は次第に困難になった。政策変更には対外情報を把握しなければならない。ヒト・カネ・モノを包含する情報である。鎖国の最中、幕府はどのように情報を入手し、それをいかなる論理で分析し、政策に生かしたのか。

幕府は四回にわたり異国船対処の方針を打ち出し、沿岸部に領地を持つ諸大名に周知させた。これらの対外政策は、長崎在住のオランダ商館長から外国にも伝えられた。

①一七九一年の寛政令
②一八〇六年の文化令
③一八二五年の文政令
④一八四二年の天保薪水令

寛政令と文化令は、北方からのロシア船にたいするもので、食料と水・薪など必要な物資を与えて帰帆させる穏健策である。

それにたいして第三の文政令は、外国船が沿岸に姿を現せば、ためらうことなく大砲を打てとする強硬策であり、「無二念打払令」といわれた。「なにがなんでも打ち払え」である。強硬策を採用した遠因をたどると、一八〇八年、イギリス軍艦フェートン号が長崎に来航し、奉行の制止を聞かずに上陸、牛などを食用に奪った事件に行き着く。フェートン号の来航はナポレオン戦争の余波であり、長崎のオランダ商館のオランダ国旗をひき下ろすのが目的で、日本攻撃のためではなかった。しかし、奉行の制止を聞かない行動は「国権侵害」ととられ、長崎奉行は責任をとって自害。この事件以降、官民を問わず反英論が根強くなる。

アヘン戦争情報の船来

ついで一八三七年、強硬策の文政令下にモリソン号事件が起きた。浦賀沖に来航した一隻の異国船に向け、浦賀砲台から大砲を打った。甲板に命中はしたが、破壊力は弱く、船はそのまま帰帆、鹿児島沖でもふたたび打ち払いに遭う。船籍は不明であった。

翌年、長崎にオランダ風説書が入る。そこには「日本人漂流民の送還を目的に、マカオ出航時に意図して大砲をはずした非武装船にたいし、有無を言わさぬ発砲は、きわめて遺憾である」とあった。この風説書には幾つかの誤報も含まれており、最大の誤報はモリソン号をイギリス軍艦としている点である。モリソン号はイギリス軍艦ではなくアメリカ商船であったが、このオランダ風説書を修正する情報が後にも入らず、そのまま信じられた。

日本国内では早くも一八三八年九月付けで、次のような上申書を出した人物がいた。「清国はなんと言っても大国であり、夷狄《いてき》も容易に手を出さないでありましょう。朝鮮琉球等は貧弱の小国であるため目にかけず、したがってイギリスは第一に日本をねらい、次に清国を切り従える手順となりましょうから、実に憂《うれ》うべく憎《にく》むべき事でございます」。

イギリス側にこの意図はなかったが、日本国内に強い反英・脅威論が浸透した。これを追うように翌一八三九年、オランダ風説書と唐風説書が新しいニュースを伝えた。清朝とイギリスのアヘン密輸をめぐる対立、林則徐《りんそくじょ》による外国人貿易商の手持ちアヘン没収、清英間の軍事衝突、交戦、イギリスの大勝という内容である。

長崎に来る中国船は、アヘン戦争の主戦場である江南の寧波、南京、乍浦《さくほ》などを出航するため、伝えられる戦況情報には臨場感があった。江南地方は古代の遣唐使いらい、日本との関係が深い地域である。イギリス海軍の破壊力と圧倒的な優位に、幕府は震撼した。

このイギリス海軍がモリソン号の報復にやって来るにちがいない。日本側のイギリス脅威論が増幅された。武家政権の幕府は、戦国時代の経験をふまえ、戦争の持つ意味、兵力の強弱、城下の誓い（敗戦条約）の意味などを十分に理解した。幕府は海軍を持たず、武力では明らかに列強に劣る。こうして「避戦論《ひせんろん》」が徐々に形成されていく。

日本	世界
	1773　英がインドを植民地化、アヘン生産を開始
	76　アメリカ合衆国建国（独立）
	89　フランス革命
1790　昌平坂学問所（昌平黌）設立	
91　寛政令（薪水供与）	
92　ロシア使節ラクスマン来航	
1806　文化令（寛政令の緩和）	1796～1815　ナポレオン戦争
08　英艦フェートン号　長崎侵入	この頃、19世紀アジア三角貿易が完成
25　文政令（異国船無二念打払令）	1819　英がシンガポールを植民地
	34　英が中国貿易を自由化
37　モリソン号事件	
39　蛮社の獄	39　林則徐が外商の手持ちアヘン没収
	39～42　アヘン戦争
42.8.28　天保薪水令（文化令に復す）	42.8.29　英清南京条約
	43　上海の英租界（居留地）ひらかる
44　オランダ国王の親書くる	44　米清望厦条約
46　米東インド艦隊のビッドル浦賀来航	46～48　米墨戦争（メキシコ戦争）
49　米東インド艦隊のグリン、漂流民救出に長崎来航	
53.7.8～7.17　ペリー艦隊の第一回来航	50～64　太平天国
	53～56　英露のクリミア戦争
54.2　ペリー艦隊の第二回来航	
3.31　日米和親条約締結	
6.17　下田追加条約締結	
56　ハリスが下田に着任	56～60　第二次アヘン戦争
	57.5　セポイ大反乱（インド）
58.7.29　日米修好通商条約締結（のち蘭、露、英、仏とも）	58.6.26　英清天津条約
59.7.1　横浜開港	
60　幕府遣米使節（通商条約批准書交換）	60　北京条約（第二次アヘン戦争終結）

略年表

二系統の情報

幕府は、長崎に入る中国船とオランダ船にたいし、航海メモ程度の簡単な報告を長崎奉行経由で提出させていたが、アヘン戦争という重大ニュースに接して、より詳細な報告を求める方針に切り替えた。それを「オランダ別段《べつだん》風説書」と呼ぶ。そのニュース・ソースは、多くが中国南部で刊行されていた英語の新聞雑誌で、イギリス側の情報が多い。それらをバタビア（オランダ政庁の所在地、現在のジャカルタ）で編集し、オランダ語に訳して長崎にもたらした。

唐風説書は、清朝の官報などの引用もあるが、多くが戦場で目撃した情報や各地の噂の類である。これは中国側の見解を示すものが多い。

これら二系統の情報は、利害があい対立する双方の戦争情報である。戦況分析には貴重な資料となる。「風説」が事実であるか否かは分からない。しかし二系統の情報を対比し、事実に限りなく近いものと、事実からはるかに遠いものを選り分けることは可能である。現代風にいえば命題論理学の手法であるが、この手法はすでに新井白石により百年も前から使われていた。

その後のアヘン戦争に関するニュースは、オランダ船が戦場海域を避け欠航したため、中国商船だけが伝えた。現存する唐風説書と唐別段風説書は、一八四〇年八月から一八四二年二月までの約一年半の間に計七通ある。

唐風説書から幕閣が読み取ったのは、個々の陸戦では中国側の民兵が勝つケースが多いものの、海軍を持たない清朝軍に対して、イギリス海軍の圧倒的優位という事実である。幕閣はまた、イギリス海軍が清朝中国の食料など物資運搬ルートを封鎖するのではないかと読んだ。

中国の物資運搬ルートは長江、大運河、海路の三つである。一八四一年四月の唐風説書は、長江の河口に位置する定海県がイギリス軍に占領されたと伝えた。翌年二月の唐風説書は、イギリス海軍が香港から長江河口一帯の制海権を掌握したことを知らせた。

長江と大運河の交差する鎮江が封鎖されれば、三本のルート全部が機能不全に陥る。長江を遡り鎮江を越えた奥に旧都の南京がある。南京は明代前半の帝都で、清代には帝都北京につぐ第二の都市であった。幕閣は中国の地政学に詳しい。

天保薪水令

老中（水野忠邦）は、イギリス軍の行動を物資運搬ルートの封鎖と読み、日本に置き換えた。江戸は廻船による大量の物資搬入で維持されている一大消費都市である。

人口は百万を超え、廻船による物資は全消費量の六割以上と推計される。江戸湾がもっとも狭くなる観音崎―富津間で、敵艦が一隻でも封鎖行動に出れば、廻船は江戸に入ることができなくなる。

このまま文政令（強硬な打払令）を堅持すれば、中国と同じ目に遭いかねない。鎖国政策が外洋船の建造・所有を禁じており、幕府には軍艦がない。中国での水運ルート封鎖を「他山の石」とし、「自国之戒」と読み換えた。

幕府は天保薪水令に転換した。発砲せず、必要な物資を与えて帰帆させる穏健策である。公布は一八四二年八月二十八日、アヘン戦争に清朝が敗北し、南京条約が結ばれる一日前である。幕府が積極的に海外情報を収集、それらを分析し、政策へ反映させた結果である。

アメリカ船来る

ついで一八四四年、オランダ国王から書簡が来た。天保薪水令への切り換えだけでは不十分で、いずれは開国・開港を求めて外国船が来る、対外政策を変更すべきという趣旨である。

この頃からアメリカ船の来航が急増する。一八四五年、漂流日本人を救出・送還するために、浦賀にアメリカ捕鯨船マンハッタン号が来た。ついで一八四六年、浦賀沖に米国東インド艦隊（帆船二隻）のビッドル提督が来航、これがアメリカの最初の公的使節である。一八四九年、アメリカ漂流民救出を目的としてグリン艦長（帆船プレブル号）が長崎に来航した。これらの問題はいずれも円満に解決し、親米論が支配的になった。

幕府の対外観は、上記のような経験から導き出したものであり、また当時の国際政治をよく見すえた判断でもあった。超大国イギリスは世界の覇権を担い、戦争を仕かけ、各地に植民地を獲得、その一環として日本を視野に入れていた。それにたいして、アメリカとロシアは「新興国」であり、まだ体系的な世界戦略を確立していなかった。

幕府にとってくみしやすいのは、友好的な「新興国」である。さらに幕府は、国際法の論理を、ほぼ正確に理解していた。それは、最初の条約が有利であれば後続条約にも有利性が継承され、不利であれば不利性が継承される、という「最恵国待遇」の論理である。したがって、最初の条約国の選択は決定的に重要であった。

4　ペリー来航の予告情報

ペリー来航が予想もしない青天の霹靂《へきれき》であったなら、突然に姿を見せた黒船艦隊に、ただ慌てふためくばかりであったに違いない。しかし幕府は事前に情報を得ていた。

予告情報を譜代大名に回覧

アヘン戦争から十年後、オランダ商館長にクルチウスが着任し、一八五二年四月七日付けで別段風説書を長崎奉行に提出した。ペリー来航の一年以上も前である。すぐにオランダ通詞が翻訳にとりかかった。それが「当子年《とうねのとし》阿蘭陀《オランダ》別段風説書」である。

一八四五年に老中首座（現在の総理大臣にあたる）となった阿部《あべ》正弘《まさひろ》は、この秘密文書を江戸城の溜間《たまりのま》席の諸侯に回達した。一八五二年七月頃とされている。溜間とは、将軍の政務室にあたる中奥の黒書院にあり、主な譜代大名（常席は彦根の井伊家、高松と会津の松平家ほか）が詰める席である。

この別段風説書には、「北アメリカ供和《ママ》政治の政府が日本国へ使節を送り、日本国との通商を望んでいる」とあり、その目的として①日本人漂流民の送還、②交易のため日本の二、三の港の開港、③石炭貯蔵場の確保、の三点を挙げている。

そのうえで、「蒸気仕掛けの軍船シュスクガンナ号をはじめ、サラトガ号など帆船四隻が唐国に集結しており、さらにアメリカ海軍は数隻の蒸気船を増派する予定」で、「シスシスシッピー、この船に船将ペルレイまかりあり」（ミシシッピー号にペリー司令長官が乗っている）と述べている。「プリンセトウン」など関係のない船名も混入しているが、多くは正確である。

老中回達は、肝心な来航時期について、艦隊が四月下旬まえに出帆するのは難しく、すこし延期となるようである、とある。最後の結びとして阿部は、「このことは秘密の心得として申し上げることであり……厚くお含みのうえ、警備を厳重にされたい」と付言している。

このニュースは大きな衝撃を与えた。艦隊の規模、来航の目的、どれを取っても体制をゆるがしかねない。来航時期については明示されていないが、当時の常識から推測するかぎり、「来年の夏」の可能性が高い。オランダ船は季節風の関係から夏に入港、秋（旧暦九月二十日）までには出港と決められていた。この夏（一八五二年）にアメリカ艦隊の来航はなかったからである。

薩摩藩主への老中書簡

半年ほど後の暮れ（一八五二年十二月十二日）、薩摩藩の島津斉彬《なりあきら》が家老の久寶《ひさとみ》に出した手紙に、阿部老中から聞いた話として、「アメリカの事、二十二日（前月の二十二日と思われる＝一八五二年十二月三日）、辰（阿部のこと）へ参ったとき、いろいろのことを聞いた。夕刻にまた詳しく話を聞く予定である。……アメリカの事は彼の方（オランダ商館長）より聞いており、（老中は）よほど心配のご様子で、いまだ評議定まらない模様、近々また聞くことになろう」とある〔文中の（ ）内は加藤注〕。

阿部から島津へは、この時点でペリー来航の予告情報が口頭で伝えられたと見られる。一八五三年一月七日付けの阿部の書面は、薩摩が琉球を支配しており外国情報も多く入手しているはずなので、琉球の動静を知りたいと述べ、「唐国之様子」（一般に唐国とは外国の意味）については同封（当子年阿蘭陀別段風説書）のとおりとある。これには嘉永三年（一八五〇年）の「和蘭風説秘書」も同封されていた。

島津はこの情報をもとに、家老への同じ書簡の添書きで次のように指示している。「万々一、来年にアメリカ船が渡来するとあれば品川沖に違いなく、高輪、田町、芝あたりは海浜のため大混乱であろう。女子のことが気がかりで、近くの山の手に良い屋敷があれば避難場としたい。ちょうど品川屋敷が類焼したので、その代わりに取得したい」。なかなか対応が早い。

ペリー来航の予告情報は、オランダ商館長が内密にと釘をさしたとおりに、日本側ではトップだけの極秘扱いにされた。その情報の流れは、前述のとおり、まず一八五二年夏頃に、阿部が溜間の有力譜代大名に見せ、暮れには外様の雄藩である薩摩の島津にも文書を送り、さらに島津から御三家の徳川慶勝（尾張）や徳川斉昭（水戸）へと伝わったと思われる。

幕府内部でも秘密主義がとられ、通知は奉行レベルに止めたようである。したがって浦賀奉行所の現場を担当する組頭や与力には知らされず、最初の対応に当たった与力の中島三郎助や香山栄左衛門らが「なぜお知らせくださらなかったか」と後に奉行に迫った経緯がある。

このオランダ風説書の情報源は何か。アメリカ側資料と照合してみると、そこには増派予定はあったが実際には来ていないプリンセトウン（蒸気船プリンストン）などの船名が入っていること、また「船将アウリッキ、使節の任を船将ペルレイに譲り」などの記述があることから、アメリカの新聞報道であったことが分かる。

5　ジョン万次郎の語るアメリカ

アメリカとはどのような国か。体験をもとに幕府に伝えたのがジョン万次郎である。

十九世紀の世界

万次郎は土佐の中之浜村（現高知県）に生まれ、一八四一年、数えで十五歳のとき、乗っていた漁船が難破、絶望的な漂流のすえ無人島の鳥島に漂着した。しばらくの耐乏生活の後、アメリカ捕鯨船ジョン・ハウランド号に救助され九死に一生を得る。船長ホイットフィールドの厚意によりホノルルからアメリカ東部のマサチューセッツ州に移り、学校教育をうけた。

その就学年齢から、読み書きは日本語より英語のほうが得意となった。三年間の勉学を終えると、万次郎は捕鯨船の一等航海士として活躍する。一八四九年、カリフォルニアに金鉱が発見されゴールドラッシュが始まると、そこでも働きつつ、やがて一八五一年一月、沖縄に強行帰国を果たす。鎖国政策下の当時、日本人の海外渡航は厳禁であり、事故による漂流の場合でも帰国は許されなかった。そうした時代に万次郎は帰国を断行した。

万次郎は、ペリー来航の直後に幕府の事情聴取に答える形式で、アメリカ事情を語っている。全体の脈絡は幕府の論理にそっているが、国際政治の激変、政治・軍事情勢、通商の現況、風俗習慣、航海術など、彼が経験し学んだものを的確につかみ、自由闊達に語っている。

この十九世紀半ば、日本をめぐる国際政治は大きく変わり始めていた。幕府の役人も取調べというより、熱心に学習する様子である。そして一八五四年一月、万次郎は二十俵取りの御普請役として召抱えられた。彼の伝えたアメリカ事情を幾つか挙げてみよう。

①地理と歴史について

土地広く、産物多く、人口は増えつつあり、大船に乗っての漁業のほかに海外諸国との交易が繁盛し、富饒の国である。七、八十年前まではイギリスの所属であったが、人民その政令に服さず、ついにイギリス所属を離れ、独立の国となり、共和の政治を建て……一三州から三四州となった〔加藤注　ペリーが持参したアメリカ国旗には三一の星があり三一州であった〕。

②食事と酒について

朝昼晩の三回、朝夕は麦を粉にして作ったパンを砂糖入りの茶とともに食べ、昼はパンと牛豚鶏などの塩漬けや蒸し焼きを食べる。米はインドから入ってくるが、粥にして病人に食べさせるくらいで、常食にはしない。酒は多種あるが、下賤の者が飲み、身分のある者は飲まない。捕鯨のさいなどに船中では飲むが、帰国すれば飲まない。

③アメリカ人について

人物丈高く、力量強く、智巧豪邁の者が多い。ただし相撲には弱く、自分は二、三人を相手に投げ飛ばした。

④大統領について

アメリカ共和国には国王がおらず、国政をつかさどるのは「大統領フラッデン」という人であり、彼は国中の人民の入札《いれふだ》（選挙）で登職し、在職四年で交代する。なお人物が格別に良いか、または軍国の大事などで交代しにくい事情があれば、八年間の在職も可能である。……大統領は平生は供の者をわずか一人だけ召連れ、乗馬にて通行し……自分もあるとき行合い、立ったまま対話したことがある。

⑤日本にかんする評判

日本からの産物が直接に来ることはないが、外国を経由して入る物のなかでは漆器が珍重され、これは天下無双と評判である。日本漆という看板を立てた店を見たこともある。日本の貨幣の品質は世界最悪と言われている。

⑥江戸の評判

江戸は世界中でもっとも繁盛の所と諸国で評判が高く、彼国の人々は見物したがっている。江戸、北京、ロンドンの三都は世界第一の繁盛の地である。

簡潔な回答のなかに、万次郎が見た世界やアメリカ観が鮮やかに出ている。調書を取った幕府役人も興味津々であったに違いない。

ただ最後の⑥「江戸、北京、ロンドンが世界三大都市である」の発言については、強い関心を示した痕跡がない。あり得ないと思ったのであろうか。現代の日本でも、当時の世界繁盛の三都が江戸、北京、ロンドンであったことは、あまり知られていないように思う。

6　政治的課題

浦賀奉行の指示

浦賀奉行は二名おり、浦賀在勤の奉行が戸田《とだ》伊豆守《いずのかみ》氏栄《うじよし》、江戸詰めが井戸《いど》石見守《いわみのかみ》弘《ひろ》道《みち》である。戸田の指示をうけて、ペリー来航の知らせは三日後の十一日に、井戸の小石川役宅に届けられた。届けたのは与力の香山である。香山はペリー艦隊に長崎へ行くよう自分が諭したこと、また戸田の「平穏のとりはからいをしたい」との趣旨を井戸に伝えた。

ところが井戸は香山に「アメリカから使者が来ることは、以前にオランダを通して通達があり、承知している。長崎へ行けというのは、もってのほかである」と言う。来航の予告情報を知らされていなかった香山は「秘密にしておられたとは嘆息の限り」と記している。

その日は対処方法が決まらず、香山は供の同心を残して浦賀へ戻った。その翌十二日、井戸からの指示が届く。「明日十三日に井戸自らが浦賀に赴く、十四日にはアメリカ大統領国書を受理する」という内容である。

アメリカ大統領国書の受理

来航からわずか六日目の七月十四日、香山や中島らがペリー一行を艦隊まで迎えに行き、久里浜《くりはま》に上陸させた。総勢で三百人ほどと記録にある。浦賀奉行の井戸と戸田はペリー一行を丁重に扱い、急ごしらえの三間四方（十八畳敷き）の会見所においいて、アメリカ大統領フィルモア（M. Fillmore）の国書を受理した。双方の打ち合わせ通り、言葉は交わさなかった。

国書は金の装飾をほどこした大きな箱に入っていた。長時間、外気に当てるのは良くないとして、開封すると直ぐに蓋を閉じた。控えの書簡は英文ではなく、漢文訳本とオランダ語訳本であった。漢文訳本ではアメリカ大統領フィルモアを「亜美理駕《アメリカ》大合衆国大統領、姓は斐謨《フィルモア》、名は美辣達《ミラード》」としている。ペリーからの前日付けの書簡も漢文であった。この段階で、「アメリカは漢文で交渉するらしい」と幕府は判断した。

受理が終わり、アメリカ側が祝砲を三発打った。

国交のない国の大統領から国書を受けとること自体が、大きな政治的決断であった。これは老中首座の阿部の決断である。

戦力からみれば、海軍を持たない幕府が、この巨大艦隊に対抗する方法は皆無といえる。阿部はそう考え、軍事的対決を回避し、外交により対処する原則を立てていた。国書受理は熟慮を重ねた結果である。

国書の受理で、賽《さい》は投げられた。受けとったからには返事が必要である。国内世論を考え、どのように返事をすべきか。そのための政治的手順をどうするか。国交を開くことは、鎖国政策の放棄を意味する。「徳川の祖法」（先祖代々の基本方針）に背く国政の大転換は、幕閣だけの密室の処理で済む問題ではない。

次の一手

まだ次の具体策が決まらない。アメリカは「砲艦外交」を発動するのか。真意は何か、焦点をどこに置くべきか。応接を浦賀奉行所に任せるか、あるいは新たに交渉陣を立てるか、その人事はどうするか。すべてが、これからの課題であった。

庶民の黒船見物は衰え知らずである。奉行所にも巨大艦隊の最先端技術に近づきたいと熱望する役人がいた。それは蒸気機関の構造から大砲の大きさなどの軍事技術、はたまた衣服や食べ物、ビールやワイン、日常の生活道具にいたるまで、あらゆる面に及んでいる。一つとして漏らすまいと競って記録し、流布させた。この日本人の関心の高さ、旺盛な好奇心に、ペリー一行は驚いた。

それに比べて、世界政治を直接に我が物とするには何が必要かを考えた人は、まだ少ない。これには時間が必要である。条約を結び、開国し、その先にどのような問題が横たわっているのか。

対外関係はなによりも国家間の関係であり、国家を代表するもの同士の関係である。

阿部正弘（伊勢守《いせのかみ》）は一八四三年、譜代の福山《ふくやま》藩十万石の藩主から二十五歳で老中に抜擢された。二年後の一八四五年には老中首座となり、ペリー艦隊を迎えたこの時、三十五歳である。現代の感覚からすると、きわめて若い。彼の眼前に拡がる課題とは、大別すると次の三つであった。

①黒船という巨大技術の存在と、開国という新体制への政治的決断
②戦争を回避し、話し合いにより一定の合意を得る方法（外交に勝利する方法）
③外交と内政を連動させる展開

風雲急を告げる激動期である。政治の仕組みは幕藩体制と呼ばれ、幕府だけで決定できず、幕府と諸藩の政治力学で決まる。それに広く世論がどう反応するか。

第二章　アメリカ東インド艦隊

ペリー艦隊のミシシッピー号（一六九二トン）とサスケハナ号（二四五〇トン）の二隻は、世界最大・最先端の蒸気軍艦である。翌年にはポーハタン号（二四一五トン）が合流し、合わせて蒸気軍艦は三隻になる。当時、アメリカ海軍が所有・就航していた超大型蒸気軍艦は、わずかに五隻であり、そのうちの三隻を日本に投入したことになる。

なぜアメリカはこの時期に、世界最大の蒸気軍艦を建造したのか、それをなぜ日本へ投入したのか。アメリカによる「軍事圧力」説の正体を解明するには、これらの疑問に答える必要がある。

1　アメリカの政治状況

明白な宿命

ここで大まかにアメリカ政治の大状況を見ておきたい。

一八四〇年代後半のアメリカ合衆国は、民主党のJ・K・ポーク大統領（一八四五〜四九年）の下、拡張主義・膨張主義が旺盛な時代である。アメリカの国土拡大は神より与えられた「明白な宿命《マニフェストデスティニー》」であるとする主張が強く支持され、一八四五年にテキサス共和国を合衆国に併合し、また西北のオレゴンは一八四六年にイギリスと協定を結び、その南半分をアメリカ領とした。

そして一八四六〜四八年の米墨《べいぼく》戦争である。このメキシコとの戦争は「アメリカ史上もっとも不正な戦争」との批判もあったが、一八四八年二月に大勝、太平洋に面する広大な西海岸カリフォルニア（日本の国土面積とほぼ同じ）をメキシコから割譲させ、その彼方にあるアジアを視野に入れた。のちに隣接するニューメキシコも一五〇〇万ドルで買収した。

この米墨戦争勃発の前年の一八四五年から、ペリーはメキシコ湾艦隊司令長官コナーの下で副司令長官を務め、四七年から司令長官となった。その副司令長官がオーリックである。一八四八年、ペリーは郵船長官に転任する。その主な職務は、蒸気船による郵船網をアメリカ沿岸に構築することであった。

同じ年の一月には、サンフランシスコの東、サクラメント渓谷で金鉱が発見され、年末からゴールドラッシュが始まる。陸から海から人々が押しよせた。拡張主義の「明白な宿命」に好況の夢が加わり、奴隷制の存否をめぐる政治的対立は消え、人々は熱に浮かれ始めた。

一八四九年、民主党のポーク大統領に代わり、ホイッグ党のZ・テイラー（Z. Taylor）が第十二代大統領に就任した。ホイッグ党は共和党（一八五四年結成）の前身である。テイラーは生粋の軍人で、米墨戦争でもその戦端を開き、常勝将軍の名を高め、その人気をバックに大統領選に勝利した。テイラー大統領の副大統領がM・フィルモア（M. Fillmore）である。テイラーが翌一八五〇年七月に病死すると、憲法の規定にもとづき、フィルモアが大統領（第十三代）に昇任した。

このフィルモア大統領が、東インド艦隊司令長官に日本との条約交渉を命じた。東インド艦隊は、一八二二年、太平洋艦隊を改称したものである。条約交渉を指示した時期は一八五一年五月、最初に任命された東インド艦隊司令長官はオーリックである。

オーリックは、サスケハナ号に搭乗、赴任の途上でトラブルをおこし、五一年十一月に更迭、中国まで来たところで引き返し（帰国）、日本までは来ていない。代わって任命されたのがペリーである。メキシコ湾艦隊ではペリーの部下であったオーリックが先に任命された人事のねじれが、二人の間に複雑な葛藤を生みだしたが、本筋からそれるので省略する。

内示を受けたペリーは、しばらく回答を留保、任命は翌一八五二年三月である。そしてペリーがミシシッピー号に搭乗して軍港ノーフォークを出港したのが、一八五二年十一月であった。一八五一年五月のオーリック派遣決定から、後任者ペリーの出発まで、約一年半の歳月が流れていた。

蒸気軍艦の建造年

ミシシッピー号は一八三九年の建造である。サスケハナ号は一八五〇年に就航した最新鋭の軍艦である。翌年に合流したポーハタン号の建造年はさらに新しく、一八五二年、完成したばかりの新造船である。

サスケハナ号、ポーハタン号、これら最新鋭艦は、日本派遣を決めた一八五一年五月の後に建造に着手したものとは考えられない。海軍予算で新造艦を発注して、この規模の最新鋭艦の完成まで、少なくとも三年は必要である。では新造艦の建設に着手した要因は何か。

両艦ともに、建造を決定したのは一八四六年であった。その目的は、米墨戦争における戦力増強にあった。当時のアメリカ海軍は世界に六艦隊を有していたが、メキシコ湾艦隊が米墨戦争の主役となる。蒸気軍艦を投入しなければ、この戦争に勝利できない、そう海軍は主張して戦時体制下の予算を獲得、すぐに発注した。

新造艦が完成する前、一八四八年に米墨戦争が終わった。だが、発注を取り消すわけにはいかない。建造は着々と進み、完成を見たのが一八五〇年と一八五二年である。そのときメキシコ湾は、アメリカにとってすでに「平和の海」となっていた。戦時体制を維持する必要が薄れ、最新鋭の艦隊を擁する必要も失われた。過剰装備は不要との声に、海軍省として、どう対処するか。

2　ペリー派遣の背景

捕鯨業の黄金時代

完成したばかりの巨大な蒸気軍艦の配備先と、その理由が必要となった。ひとつが郵船航路である。アメリカ東海岸からメキシコ湾、そしてメキシコ半島を陸路でつなぎ、西海岸の諸港を結ぶ、郵便と人を運ぶ計画である。商品も運ぶことができる。大陸横断鉄道の整備と並行して、郵船網は緊急に樹立すべき通信・交通網であった。

この国内用の郵船網の延長上に、太平洋横断の郵船航路構想が持ち上がっていた。すでにイギリスがP&O社を開設し、母国からスエズを陸路通過してインド、シンガポール、香港、上海、そしてシンガポールから南下するオーストラリア航路を持っていた。香港までの航路開通が一八四五年、上海支線の開設は一八四九年である。その延長上にイギリスは太平洋横断航路を構想していた。

太平洋横断航路をイギリスに先取りされてはならない。この判断がアメリカ側にあった。そこで新しい蒸気軍艦の配備先として浮上したのが東インド艦隊である。「東インド」(East India) という呼び方は、イギリス海軍のそれを踏襲したものである。イギリスにとって東インドは「インド以東 (East of India)」ともいわれ、地理的な意味を持つ伝統的な用語だが、アメリカにとっての東インドは、西部の先の、太平洋のさらに西の彼方である。東インドではいかにも分かりにくいが、アメリカ海軍でもこの名称が長く使われてきた。

ペリー　アメリカ東インド艦隊司令長官

では、東インド艦隊に巨大艦隊を配備する理由はなにか。アメリカにとって「最遠の海域」に配備するには、まだ十分な補給線もなく、戦争目的を掲げるわけにはいかない。戦争を必要とする事態もなかった。そこでアメリカ人漂流民を保護するという「人道目的」が浮上した。

当時のアメリカ政府と議会の資料には、難破したアメリカ捕鯨船員の漂流とその救出問題が頻繁に出てくる。アメリカ捕鯨船がケープホーンを回って太平洋へ出漁したのは一七九一年、その後、一八一四〜一五年のウィーン会議から一八六〇年頃までが太平洋におけるアメリカ捕鯨業の黄金時代で、一八四〇年代後半が最盛期にあたる。

一八四六年の統計によれば、アメリカの出漁捕鯨船数は延べで七三六隻、総トン数は二三万トン、投下資本は七〇〇〇万ドル、従業員数は七万人である。年間にマッコウクジラとセミクジラをあわせて一万四〇〇〇頭を捕獲する乱獲時代を迎えた。日本近海で操業するアメリカ捕鯨船は約三百隻にのぼり、難破する捕鯨船も増えた。

捕鯨の主目的は、照明用のランプ油として使う鯨油の確保であった。欧米諸国で工場がフル操業するようになると需要が伸び、アメリカ国内はもとよりヨーロッパにも輸出された。鯨のヒゲや骨も装飾品などに加工された。ちなみにカリフォルニアで最初に油田が見つかったのが一八四七年、しばらくは灯油として鯨油と石油の併用時代がつづく。石油に取って代わられ、捕鯨業が衰退する直前、鯨油需要のピークがこの時期にあたる。

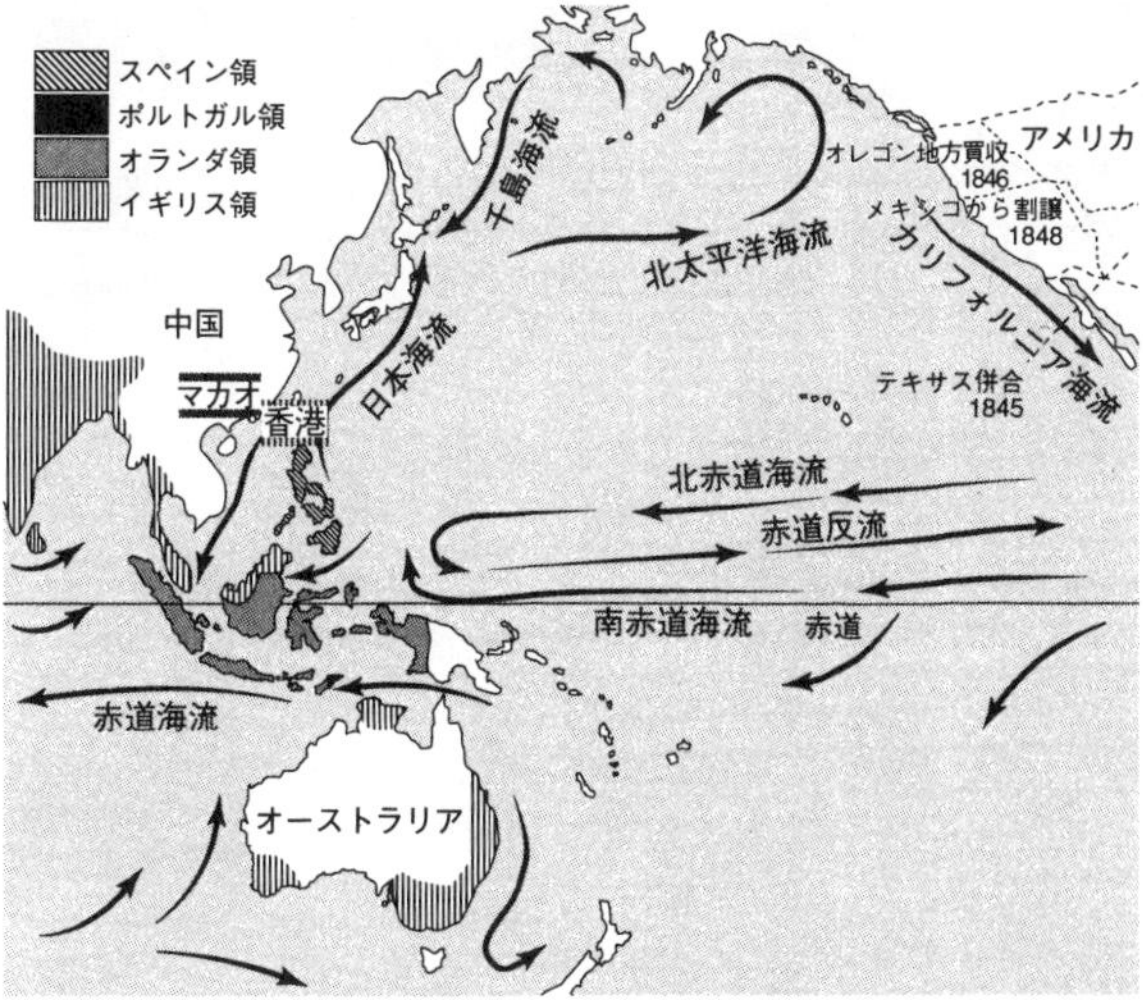

1850年前後の北太平洋

漂流民の保護

アメリカ捕鯨船の難破・漂流ルートは、主漁場であった北太平洋に始まる。暴風に遭い、マストが折れると、海流に流されてしまう。日本側から東へと流れる北太平洋海流はアメリカ大陸近くで北転し、さらに西へ方向を変え、千島海流と合流する。その後は南下して北海道（蝦夷地と呼ばれた）に至る。

アメリカ捕鯨船が北海道に漂着した主な事件は、一八四六年のローレンス号、一八四八年のラゴダ号とプリマス号などであ

船名	建造年	トン数	艦の長さ（フィート）	乗組員数	備砲数
汽走軍艦					
○サスケハナ Susquehanna	1850	2,450	257	300	9
ポーハタン Powhatan	1852	2,415	253	300	9
○ミシシッピー Mississippi	1839	1,692	229	268	10
帆走軍艦					
マケドニア Macedonian	1832	1,341	164	380	20
○プリマス Plymouth	1843	989	147	210	22
○サラトガ Saratoga	1842	882	146	210	22
バンダリア Vandalia	1828	770	124	190	20
運送船					
サザンプトン Southampton	1842	567	156	45	2
レキシントン Lexington	1826	691	127	45	6
サプライ Supply	1846	547	141	37	4
計		12,344		1,985	124

ペリー艦隊リスト（1854年）

資料　Pineau, 1968. およびS. E. Morison

注1）○印をつけた4隻が第1回の来航時の艦船。なおプリマス号は第2回には来なかった。

注2）幕府はペリー艦隊の構成を逐一把握し、最後のサプライ号が来たところで一覧を作った。

る。ちょうど米墨戦争の開戦と終戦の年にあたる。一八四八年六月、ラゴダ号には捕鯨船員十五名が、プリマス号にはマクドナルドという青年が乗っていた〔加藤注　マクドナルドは日本人に初めて英語を教えた人物。イギリス人を父にアメリカ先住民を母にもつハーフで、先住民と日本人が共通の祖先を持つと考え、母の故国を見たいと日本潜入を試みた〕。

　アメリカ人漂着民は、救出されると松前藩に移送され、その後、取調べのために長崎に移される。彼らは少年の頃に捕鯨船員となり、英語しか分からない。一方、北海道にも長崎にも英語が分かる日本人がいない。長崎奉行は、出島在住のオランダ商館長レフィソーンに立会い兼通訳を依頼した。「日本語⇅オランダ語⇅英語」の二重通訳である。オランダ商館員もさほど英語が堪能ではなかったようだが、簡単な意思疎通はできた。

長崎奉行は一定の取調べの後に、帰帆するオランダ船で彼らを母国へ送還する方針である。鎖国政策下の日本には外洋船がなく、送還方法は他に考えられなかった。だが、取調べ終了前にオランダ船の帰帆時期が来た。季節風を利用しての航海であるため、オランダ船は急ぎ帰途についた。

オランダ商館長は帰帆する船にいつも書簡を託す。ある種の業務報告である。アメリカ人漂流民についても言及した。このニュースはバタビア（現在のインドネシアのジャカルタ、オランダ植民地政庁の総督が駐在）のオランダ総督から香港駐在のオランダ領事へ、そして香港駐在のアメリカ弁務官へ、最後にアメリカ東インド艦隊へと次々に転送された。

グリンが救出目的で長崎へ

知らせを受けたアメリカ東インド艦隊は、直ちに軍艦プレブル号の艦長グリンを日本に派遣した。ゲイジンガー司令長官がグリンに与えた指示は、「協調的かつ断固とした態度を取り、長崎で解決しなければ江戸に行って直接に交渉すること、わが国の利益と名誉を守ること、琉球・上海に寄る時間をふくめ、約三ヵ月で任務を完了すること」などである。

さらに派遣の背景には国益がかかっているとして、ゲイジンガーは次のように言う。「われわれの価値ある捕鯨船団の保護、捕鯨業の奨励に、わが政府は深い関心を持っている。捕鯨業を助長・促進し、わが国の通商および利益にたいして、万全の保護を与えるよう努めること」。

ここでも捕鯨業と捕鯨船団の保護を強調し、通商保護を海軍の使命として掲げている。照明用の鯨油は、勃興しつつあったアメリカ産業革命と米欧貿易の生命線でもあった。捕鯨船員の生命と捕鯨業の財産とはアメリカ国民の生命と財産であり、これが国外で危機に直面した場合、保護する任務が海軍に与えられていた。それを外交法権ないし外交的保護（diplomatic protection）と呼び、有事における海戦と並び、平時における海軍の最大任務にほかならなかった。

これには財政的な裏づけもあった。アメリカ連邦政府の歳入のうち、平均して約八割が関税収入である。貿易の重要性が高く、それだけ貿易活動や貿易資源の創出業務には手厚い保護が必要であった。海外でのアメリカ人の活動を妨げる行為にたいしては、海軍が外交法権を発動する。その海軍には、それ相応の財政支出があるという仕組みである。

北海道に漂着したアメリカ人捕鯨船員は、約一年間に一名が病死したが、他の十五名は松前から長崎に移送され、屋敷牢でかなり自由な生活を送っていた。

プレブル号の入港にたいして、長崎奉行は丁重に応対した。すでに天保薪水令の下にあり、一八四五年の捕鯨船マンハッタン号（日本人漂流民の送還）の浦賀来航、一八四六年のビッドルの浦賀来航の経験を持っていた。

アメリカ人漂流民を送還したいと長崎奉行がグリンに伝えたが、グリンは信用せず、「私自身が直接に調書を取る」と主張した。

アメリカ海軍省が議会に提出した記録（尋問調書）には、漂流民の語る抑留生活が描かれている。「捕鯨船内より、長崎の半年間のほうが待遇ははるかに良かった。食べ物は十分にあり、衣類も冬物と夏物の両方を貰い、屋敷牢はかなり自由で、運動も十分にできた。船内よりはるかに快適である」。

長崎奉行の言と漂流民の言が一致しており、グリンは挙げた拳の振り下ろす先がなかった。勢い込んで自国民の「救出」に来たものの、長崎奉行の下で漂流民は、いわば「保護」されていたのである。そのうえ、奉行はグリンに要請した。「われわれは送り帰す外洋船を持っていない。貴官みずからの船で送還されたい」。

この事件は、グリン来航からわずか九日間で解決した。グリンは、その経験をもとに、任務終了後に帰国した一八五一年、日本と条約を結ぶよう大統領に提案している。毎回の「救出」に経費をかけて危険を冒すより、条約締結により恒常的な関係を樹立するほうが得策だという趣旨である。

3　ペリー派遣の目的と形式

曖昧で多様な派遣目的

ペリー派遣の目的は、久里浜で幕府が受けとったフィルモア大統領の日本皇帝宛国書に書かれている。日付は一八五二年十一月十三日、主な内容は次の点である。

①日本諸島沿海において座礁・破損もしくは台風のためやむなく避泊する合衆国船舶乗員の生命・財産の保護に関し、日本国政府と永久的な取決めを行うこと。

②合衆国船舶の薪水・食糧の補給、また海難時の航海継続に必要な修理のため、日本国内の一港または数港に入る許可を得ること。加えて日本国の一港、もしくは少なくとも日本近海に散在する無人島の一つに、貯炭所を設置する許可を得ること。

③合衆国船舶がその積荷を売却もしくは交換（バーター）する目的のために、日本国の一港もしくは数港に入る許可を得ること。

この文面は幾つかの内容を含む。⑴アメリカ人漂流民とその船舶の保護、⑵物資補給、船舶修理、一港または数港への入港許可、無人島の貯炭所設置、⑶貿易または物々交換に一港または数港への入港許可、であるが、⑵の避難港と⑶の貿易港との区別が曖昧であり、一港または数港とある開港場がそれぞれ同じ港なのか否かの区別も不明である。

第七章で述べるが、アメリカ大統領による使節派遣の目的は各種の指示によってニュアンスが異なっている。言い換えれば、達成すべき目的の設定が多様であり、そのために曖昧になっていた。条約交渉の過程では、幕府の応接掛からその点を突かれ、ペリーは自らの主張の矛盾を認め、その一部を取り下げている。

アメリカ大統領の日本皇帝宛国書は、このペリーに持たせたものが最初ではない。ペリーの前任者であり、途中で解任されたオーリックに持たせた国書は、一八五一年五月十日付けで、ペリーのそれより一年半ほど早い。オーリックは日本まで来なかったため本書では詳細を述べないが、アメリカ大統領による派遣目的を考えるさいは言及しなければならない。

オーリックに持たせたアメリカ大統領国書はきわめて短い。金鉱の発見と近未来における蒸気船航路の開設により、日米間の往来が二十日で可能になるため、両国は密接な関係になろうと述べたうえで、①貴国の法律を犯さないこと、②友好的な通商関係を築くこと、③蒸気船に必要な石炭を供給できる港を開くこと、これら三点を強調する。ちなみに日付の一八五一年の後に、さらに独立から七十五年目と付記し、アメリカが若い国であることを示している。

これを見るかぎり、条約目的はまず通商が先で、石炭確保が後に来る構成となっている。日米両国の親善（のちの和親＝Peace と Amity）という大目標が書かれておらず、漂流民保護と難破船修理の避難港を開くという項目もない。ゴールドラッシュの熱気の影響であろうか、単刀直入に通商拡大を第一とし、ついで石炭確保のための開港を第二に置くというアメリカ側の要望を前面に出している。

アメリカ政府によるペリー派遣の意図はどこにあり、求めているものは何か、この問題をめぐって研究者達の強調点はかなり相違する。大統領国書を、その文面どおりに解釈する見解が初期の研究に共通していた。関連の研究が進むにつれて、大統領国書は外交上の言辞にすぎず、別の資料もふくめて、総合的に判断しなければならないとする研究が増えてきた。

すなわち蒸気船航路に必要な石炭の確保、貿易など、二つのアメリカ大統領国書にある文言の曖昧性と多様性を解析しつつ、条約交渉とは双方の意見交換と利害の調整であることを重視し、アメリカ政治・外交の一環であるペリー派遣を解明する研究である。産業資本主義の貫徹という大ナタで日米関係を切ることはできず、アメリカの対日・対中関係を視野に入れて解明しようとする。

では、アメリカ政府の意図・目的のうちで、実現可能性を考えたうえで、何がもっとも重要であったのか。ここでは次の三点を述べたい。第一に前述の「外交法権」との関連、第二にアメリカ海軍の内部事情、第三にペリーが国務省派遣ではなく、海軍省管轄下の東インド艦隊司令長官に任命され、日本と条約を締結せよとの指示下に派遣されたこと、言い換えればペリー派遣の形式についてである。

外交法権

第一の「外交法権」(diplomatic protection)は、当時のアメリカでは重要な理念であった。法律の違う外国でアメリカ人が逮捕・抑留されたとき、「自国民を保護すること」である。今の「人権外交」に当たるものと見てよい。とくに英領アメリカ（現在のカナダ）やメキシコなど中米諸国とは陸地や沿海でつながっており、事件が多発していた。

自国民の保護の交渉と「救出」に当たるのが海軍である。アメリカはまだ外交網を世界に広く巡らせてはおらず、太平洋横断は技術的に困難で、そしてアジアは遠い彼方にあった。国務省アジア担当課はわずか五名の組織であり、在外公館の多くが商人領事（貿易商が領事を兼務）であった。このような当時の交通・通信手段や貧弱な外交網を考えれば、海軍以外に「外交法権」を担いうる組織はない。

他国との交渉にも海軍は不可欠であった。海軍が交渉そのものを担うか、あるいは海軍が外交官を任地に送り届けるかの相違はあっても、他国と往来する手段を持つのは、海軍だけであった。

海軍省の「省益」問題

ペリー、そして前任者オーリックの場合、アメリカは海軍提督に交渉権を与える方式を採用し、（一八四四年の米清望厦条約のときのように）外交官を派遣することはなかった。アメリカ東インド艦隊による「外交法権」発動、すなわちグリンの行動については、すでに述べたとおりである。そのほかにアメリカ海軍省の「省益」問題と、アメリカ国内の政治的関係があった。

まずアメリカ海軍省の「省益」問題である。アメリカ海軍は世界に六つの艦隊を有しており、艦船をどう配備するかは、海軍費削減とからんで緊急問題であった。平時における海軍の主要任務は「外交法権」の発動であるが、有事（戦時）においては、言うまでもなく海戦である。

前述のように、一八四八年に米墨戦争が終わると、メキシコ湾艦隊はもはや多数の艦船を擁する必要がなくなった。別の配備先がなければ、海軍費は大幅に削減される。一八四七年からメキシコ湾艦隊司令長官であったペリーは、翌年に郵船長官に転任、その任務は、通商網の確立と郵船定期航路の開発であり、東海岸からメキシコ湾を通って西海岸まで、郵船航路が設置された。

西海岸の彼方には日本や中国がある。その年、太平洋横断汽船航路の開設計画に関する意見書が議会に出された。中国とは一八四四年に条約を結んだが、日本とは国交がない。巨大な汽走軍艦の配置先は、これらの地域を含む東インド艦隊であるべしとし、その具体的な理由として、太平洋を結ぶ航路の確立、そのための石炭の確保、捕鯨船の保護、日本の開国などを列挙している。

発砲厳禁の大統領命令

ペリーは海軍省管轄下の郵船長官から東インド艦隊司令長官に転任した。そこに日本との条約締結という外交上の任務が付加されたものの、職名は東インド艦隊司令長官だけで、外交任務に伴う全権大使などの職名はついていない。

なぜ、海軍司令長官に外交任務を付加する形式が取られたのか。前にも述べたとおり、ペリー派遣を命じた第十三代大統領フィルモアはホイッグ党のテイラー大統領の副大統領であった。フィルモアはニューヨーク州の小作農に生まれ、独学で法律を学んだ弁護士出身である。テイラーが任期半ばの一八五〇年七月に死去、憲法の規定により大統領に昇任、任期は残りの約二年半である。

与党ホイッグの影響力は後退し、議会多数派の民主党も分裂していた。米墨戦争で拡張した西海岸や隣接する中西部の連邦編入問題で世論が沸騰し、対外問題に強い関心を払う余裕はなかった。行政府の権限内で行う方法としては、海軍の指揮下で行動させる以外にない。海軍自身がそれを主張した。

万一の発砲が戦争に発展すれば、もはや大統領・海軍省・東インド艦隊という行政府の権限を越えてしまう。

アメリカ憲法では、軍の指揮権は大統領にあり、宣戦布告の権限は議会に属す。そのために念には念を入れ、フィルモアはペリーに「発砲厳禁」の命令を出した。

「大統領は宣戦布告の権限を有さない。使節は必然的に平和的な性格のものであることをペリー提督は留意し、貴下指揮下の艦船及び乗員を保護するための自衛及び提督自身もしくは乗員に加えられる暴力への報復以外は、軍事力に訴えてはならない」

ペリーは、この発砲厳禁の命令を大前提として行動した。軍事力の発動が許されないなら、巨大な艦船を誇示することで、交渉を有利に進めたい。方向を自在に変える蒸気軍艦の能力、轟音をとどろかせる大砲、水深の測定を理由とする広範囲な行動などをフルに活用した。

ペリーはまた出国前に日本への土産を慎重に選んだ。自国の産業力を示すと同時に相手が驚きそうなものである。動力源として蒸気を使う船は自ら搭乗する蒸気軍艦で十分であるが、さらに蒸気機関車の四分の一モデル、貨車と客車、二キロメートルのレールと操作技師を揃えた。農産物輸出国として作物の種子や農機具も準備した。友好関係を樹立する相手には、土産の準備をするのが当時の外交上の常識である。

それればかりではない。合意の暁には日本側を招待するために、一流のシェフを同行させた。新鮮な肉類は船内で飼育する牛、羊、鶏などである。酒類も多数用意した。

巨大艦隊を示威に使う法

大統領による司令長官任命の打診に対して最終的な返答を行うまでの間、ペリーは熟考を重ねた。巨大な艦隊を率いても軍事力を発動できないなら、どうすべきか。大艦隊を「威力」として誇示する以外に、日本に対する有効な手段はない。ペリーは艦隊の編成について、自分の主張を承諾の条件にした。すなわち「十二隻からなる堂々たる艦隊」である。

「外交法権」を巧みに発動する経験を重ねてきた軍人ペリーは、巨大な蒸気軍艦が日本に与える衝撃をはっきりと意識した。

同時にまた、多数の艦隊を構成することが、海軍費削減に対処する有効な手段であることも計算に入れていた。まさに一石二鳥である。彼は海軍軍人としてほぼ最高の位置にあり、海軍の将来を考える立場にあった。

それだけではない。「十二隻からなる堂々たる艦隊」には、三つ目の狙いがあった。「超大国」イギリスに向けて「新興国」アメリカの存在を誇示しようというものである。

二〇〇〇トンを超える蒸気軍艦はアメリカ海軍のみが有していた。日本までの航路は、イギリスの補給線を借りざるをえない。摩擦や嫌がらせがあろうとも、イギリスへの示威行動としては絶好の機会である。

ペリーが幕府に渡した大統領国書には、蒸気船を利用すれば、アメリカ西海岸から日本まで「十八日で到達できる」とあるが、実際には蒸気船が太平洋を横断したことはない。

十八日はあくまで机上の計算である。計算の根拠は、アメリカ海軍最初の蒸気軍艦フルトン号の実験（一八三七年）である。速度一八ノットで、十分な石炭を持つ一五〇〇トン程度の船であれば、二十日間の連続航海が可能であり、一航海で九六〇〇マイル可能として、日本へは十八日で行けるという計算になる。ちなみにペリーがこの艦長をつとめ、後に蒸気軍艦の父と呼ばれた。

4　アメリカの得た日本情報

ペリーの情報源

国交のない国との関係を開くには、相手国の情報を的確に把握することが不可欠である。情報の収集・分析・政策化の三つがうまく連動しなければ、有効な対処はできない。情報には間接情報と直接情報の二種類がある。

アメリカが得た日本情報のうち、ペリーが最重要視した間接情報はシーボルト『日本（Nippon）』（一八三二～五二年にかけて分冊形式で刊行、ドイツ語）であった。ペリーは本書を五〇三ドルで購入し、貴重な情報源と位置づけた。その書は冒頭に次の文章を置いている。

「……日本は一五四三年、ポルトガル人により偶然に発見されたが、その時、すでに二二〇三年の歴史を持ち、一〇六代にわたる、ほとんど断絶のない家系の統治者のもとで、一大強国になっていた……」

これはシーボルト自身の見解ではない。美馬順三のオランダ語論文『日本古代史考』（『日本書紀』の抄訳）から得たものである。シーボルトはこれを、そのまま自身の見解とした。諸外国では『日本』は最新の体験情報として、広く国際的な評価を得ていた。

英語圏でも需要が高く、「Chinese Repository」誌にアメリカ人宣教師ブリッジマンの抄訳で掲載された。ブリッジマンはアメリカ＝清朝間の望厦条約（一八四四年）の通訳であり、またペリーの通訳兼顧問となるウィリアムズとも深い交流があった。その英文抄訳の解説のなかでブリッジマンは言う。

「日本人は、原始時代いらい膨大な数の船舶を有し、中国人と同様に商人達は近隣諸国を往来・交易し、その足跡ははるかベンガルにまで及んでいた。ポルトガル人との接触時期に、すでに日本国は優れた文明を有しており、これはキリスト教の平和的・禁欲的な教えの影響を受けずに到達しうる最高位の文明段階と言える……」

ペリーも出国前に『日本』を熱心に読んで日本像を組み立てた。そして自分の使命を次のように書いている。

「この特異な民族が自らに張りめぐらせている障壁を打ちくだき、我々の望む商業国の仲間入りをさせる第一歩、その友好・通商条約を結ばせる任務が、もっとも若き国の民たる我々に残されている」

最古の国の日本に、もっとも若い国のアメリカが挑戦する、と。

日本の政体をどう見ていたか

では、日本の政体をペリーはどう考えたのか。つまり日本の統治者は誰かという問題である。『日本』では、「ほとんど断絶のない統治者の家系」一〇六代を神武天皇から数え、鎌倉幕府からは将軍に継承させている。ペリーは、「日本は同時に二人の皇帝を有する奇異な体制を持っている。一人は世俗的な皇帝であり、もう一人は宗教的な皇帝である」と解釈した。

これは、ヨーロッパにおける、国王とローマ法王との関係に似ている。条約締結にあたって誰と交渉するかは最重要の課題である。アメリカ大統領国書の宛先も、同時に添えたペリー書簡も宛先は「日本国皇帝」(Emperor of Japan) となっている。受理したのは幕府であった。ここで日本国皇帝イコール徳川将軍の関係が確立した。

日本では、世俗的皇帝と宗教的皇帝とが、それぞれ権力と権威（宗教的権威より広範囲な権威）を別々に体現していた。一六一五年、幕府は朝廷の権威を弱めるため禁中並公家諸法度を定めたが、最後まで幕府が確保できなかったのが象徴的行為の確保である。具体的には、律令制いらいの官位・爵位の授与権を幕府は握ることができず、将軍・大名・幕閣は朝廷から官位を受けていた。

通常、権威は隠れていて表面には出ない。しかし、幕末になって幕府と各藩の協調関係が崩れ、対立関係が表面化すると、隠れていた朝廷の権威が浮上する。「火山のマグマ」のようだといわれる幕府と朝廷の関係、つまり権威の保持者は誰かという問題が噴出した。大政奉還（徳川将軍が天皇に政権を返上すること）の政治変動期には、権威が権力の上位に立った。

イギリスの日本分析

一方、「超大国」イギリスによる日本情報としては、「ギュツラフ所見」（一八四五年）がある。南京条約の通訳をつとめ、香港総督の中国語通訳官となったギュツラフの上申書である。清朝がアヘン戦争の賠償金を完済するまで、舟山に駐屯していた英国海軍が撤退するさい、香港総督（英国植民地の最高責任者）に宛てて書いたものである。

清朝中国の周辺にある朝鮮、日本、シャム（現在のタイ）、アンナン（現在のベトナム）の四ヵ国の現状を分析、これら諸国との戦争を伴わない開国・開港を展望し、どの国の可能性が高いかを論じている。このなかで、日本は経済（主に商業）が発達しており、いちばん条約に応じる可能性が高いと述べ、さらに「選ぶべき開港場は大坂（大阪）と江戸、南では薩摩、北では仙台か加賀」と具体的に挙げている。

またアヘン戦争の影響を考慮し、日本に派遣する平和的使節は第一に「対等の原則の下に処遇される」よう女王の正式使節とすること、第二に「我々の有している諸手段を認識させる最良の方法」として、「蒸気船を一または二隻、先行させると良い」とも述べている。

一八四五年の提案は英国外交に直接は生かされなかったが、平和的交渉と文明の誇示という考え方は宣教師仲間を介して各国に共有され、とくに米国の対日政策に継承された。ペリー艦隊の蒸気船もまた、「我々の有している諸手段を認識させる最良の方法」として機能させている。

アメリカの得た直接情報はどうか。前述のとおり、日本に来航した捕鯨船や海軍からのものが主である。アメリカにとって重要なのは、なによりも江戸湾などの水深測量である。水深を知ることは巨大軍艦の行動に不可欠であった。

幕府の政策に関しては、漂着捕鯨船員が丁重に扱われていたこと、そして日本は統治者の恣意ではなく、法により治められているという観点から、条約（対外法）を締結すれば必ず遵守されるという見方を示している。

5　交渉言語と通訳

何語で交渉するべきか

ペリー艦隊は、第一回来航時に総勢で約千人、第二回来航時には約二千人という大部隊であったが、交渉にあたる頭脳はわずか数人にすぎなかった。交渉言語を何語にし、通訳をどう確保するか、これがペリーにとって大きな課題であった。

ペリーは早くも出国前に英語案を放棄した。欧米諸国は清朝中国との長い交渉のなかで漢文以外を使うことができなかった。日本も同様に英語は理解不能として、交渉自体を拒否するのではないか。

ではオランダ語はどうか。幕府が多数のオランダ語通詞を長崎に置いていることは知っていた。そこでポートマン（A. Portman）という若いオランダ人を上海で雇用する。しかし、オランダ語を交渉言語とした場合、アメリカはオランダの後塵を拝すると誤解されかねない。オランダは欧米諸国のなかで唯一、日本と古くから交渉を持つ国であり、その長い日蘭関係のなかにアメリカが組み込まれかねない。それでは本来の目的が十分に達成できない。外交文書や条約草案など、正式の文書をオランダ語に限るのは避けるべき、とペリーは判断した。

日本語案の挫折

日本語案はどうか。ペリーは日本語案を第一候補に考え、出国前に最良の通訳として宣教師のウィリアムズ（S. W. Williams）に的を絞った。ウィリアムズは一八三三年いらい、アメリカ対外布教協会の宣教師として中国に滞在し、おもに印刷の専門家として活躍、「Chinese Repository」誌の編集にも関与し、かつ『中国総論』（初版は一八四八年刊）という英文の著書もあった。

ペリーはウィリアムズを唯一の通訳と考え、自薦他薦の通訳を排し、ノーフォーク港を出航した。四ヵ月半後に香港に到着すると、翌日、ペリーは休む間もなくカントンに船を進め、ウィリアムズを訪ねた。日本との条約締結の重要性を強調、通訳として同行するよう要請した。

ウィリアムズは頭をかかえた。自分の日本語は十年以上も前に習ったものである。しかも日本語の教師は送還を待つ日本人漂流民であり、十分な読み書きができなかった。ウィリアムズは、自分の日本語能力ではとても通訳は務まらないと答える。

漢文案が確定

ウィリアムズがあまりにも固く辞退するのに苛立ったペリーは迫った。「中国滞在が二十年にもなるのに、日本語ができないのか」。ウィリアムズが中国語と日本語の違いを説明、聞き終わるやペリーは「中国語には自信があるか」と問う。こうしてウィリアムズは中国語通訳兼顧問の形でペリーに同行することになった。もっともウィリアムズは「書」には自信がなかったらしく、秘書格として中国人の文人を伴った。第一回来日には謝《シエ》が同行したが、途上でアヘン中毒のため死去。第二回目が羅森《ラシン》である。

一方、幕府は通訳問題をどう考えたか。一八五一年に強行帰国したジョン万次郎を英語の通訳に使うことを検討したが、御三家の徳川斉昭《なりあき》が反対した。アメリカ生活が長い万次郎は、日本語の書き言葉が十分でないうえ、何よりもアメリカ側に付くのではないかと危惧したと言われる。

残る言語は日本語、オランダ語、中国語（漢文）の三つである。これまでの経験では、アメリカが日本語を使う可能性は小さく、オランダ語の確率がいちばん高い。この予測から、浦賀奉行所にオランダ語通詞を補強した。

漢文については、武士の教育が幼少時から四書五経の素読に始まることもあり、人材には事欠かない。漢文の読み書き能力は、現代人の想像をはるかに超える高いものであった。しかし、アメリカから漢文案が出るとは、ほとんど予測していなかった模様である。

6　職名の詐称

浦賀沖に停泊した黒船艦隊に向かって、通訳の堀が"I can speak Dutch!"と英語で呼びかけ、ペリー側とオランダ語通訳を介して話し合いに入り、与力の中島が浦賀の副総督になりすましました。ここまでは冒頭で述べたとおりである。

この最初の会談で、ペリー側から「なぜ総督が顔を出さないのか」と問われ、中島は「総督は船に乗らない」と答えたが、翌日、香山を伴い、彼こそ「総督」であると取りつぐ。しかし香山も同じ与力であった。「日本語↓オランダ語↓英語」の二重通訳で、ペリーには英語のガバナー（Governor）と伝えられた。浦賀奉行所の与力が役職名を「詐称」し、ペリー側がそれを見抜けなかったとはいえ、そのことがかえって正式交渉に弾みをつけた。

これは「対等な地位の役人同士の交渉」を原則にしていたペリーにとって、重要な第一歩であった。ペリーは大きな進展を予感した。

香港到着直後の事件

役職名にペリーが固執する理由は、それだけではない。ペリーが海軍長官から得た正式の役職名は、海軍省管轄下のアメリカ東インド艦隊司令長官（Commander in Chief, U. S. East India Squadron）である。これ以上でも以下でもない。日本が東インドの一部かどうかが不明である以上に、条約交渉を担う権限を示す職名が一文字も入っていない。

ペリーが香港に到着した一八五三年四月七日、アメリカ外交官で公使待遇の駐華弁務官マーシャルは、ペリーが先行させたはずの蒸気軍艦サスケハナ号に乗って上海に行っていた。ペリーは立腹する。東インド艦隊の司令長官は自分であり、その到着を待たず、許可なく艦船を動かしたという理由である。

一方のマーシャルは、上海事情が急展開してペリーを待てず、サスケハナ号艦長ケリー（東インド艦隊司令長官の代理）の了解を得ていて、何の問題もないと考えた。提督ペリーと外交官マーシャルは、こうして最初から対立する。

ペリーの職名拡大

政策上の見解対立はいっそう深刻であった。ペリーは日本との交渉を第一と主張し、一方のマーシャルは上海居留民の保護を重視した。現地における日本重視論と中国重視論の対立は、アメリカ本国での海軍省と国務省の対立を意味するが、当時の通信事情から、この対立はまだ本国には伝わっていない。書簡により情報が本国に到着し、指示が来るまで、最速でも約五ヵ月を要したため、現地の責任者には大きな裁量権が与えられていた。裁量権とは自分の判断で行動し、事後報告で済ませられる権限である。

ペリーは、自分が東インド艦隊の司令長官にすぎないなら、マーシャルの命令を受ける立場にあり、日本との交渉は延期せざるをえなくなると判断した。そこでペリーは役職名を自分で変更した。

Commander-in-Chief of the U. S. Naval Forces in the East India, China, and Japan seas である。東インドのほかに「中国・日本海域」を追加し、自分の所轄海域を自分で拡大したのである。久里浜で幕府に最初に渡した書簡にはこの肩書きを使っている。

翌年の二回目来航時には再び追加した。Commander-in-chief U. S. Naval Forces East India, China, and Japan seas, and special Ambassador to Japan.（下線部分）である。応接掛に渡した漢訳の職名は、「亜美理駕《アメリカ》合衆国特命欽差大臣専到日本国兼管本国師船現泊日本海提督」彼理《ペリー》の三十一文字である。「特命欽差大臣」（特命全権大使）というのが新たに加わった部分である。

これが裁量権の範囲内の行為かどうか。結局、誰からも問われることはなかった。

第三章　議論百出

1　アメリカ大統領国書の受理

ペリーの訪日目的

ペリー来航直後から国書授受の場所をめぐる交渉が始まり、浦賀近郊の久里浜《くりはま》に決定する。来日からわずか六日目、一八五三年七月十四日となった。ペリーの想定より、はるかに早い決着である。

急造した会見所に待ちうけていたのは、二人の浦賀奉行の井戸石見守《いどいわみのかみ》（在府）と戸田伊豆守《といだいずのかみ》（浦賀在勤）、それに前述の香山や中島らの与力、通訳の堀などであった。ペリー側は、奉行の英訳を国政委員会（State Council）の委員としているから、「総督」の上の国務大臣級と考えたのであろうか。ウィリアムズが漢字の大型名刺を出した。ペリー側は漢文を使うらしいと、幕府側がここで察知した。

幕府にとって国交のない国からの国書受理は初めてだが、幕閣の最高責任者、老中首座の阿部は、受理は拒否できないと決断し、指示を出していた。
米大統領の国書を受け取ると、幕府はそれ以上には言葉を交わさず儀式を終えた。ペリーも幕府側の返答を待たず、翌十五日に次の文書を届けてきた。

「……この提議は重要であり、かつ多くの重大問題を含んでいるため、幾つかの関連事項につき、審議・決定に時間を要されると考える。その点を当方は考慮して、貴国の回答を、来春また江戸湾に戻る時まで快く待つ。その折には、すべての事項が、友好的かつ円満に妥結することと確信している……」

ペリーは、「日本国皇帝」宛の大統領国書を幕府に受けとらせたことで、第一回訪日の目的は十分に達成したと考えた。即答を求めずに帰帆する理由を、もっぱら幕府の立場に配慮したかのように書いているが、実際には別の事情を抱えていた。彼は海軍省あての公信には書かず、日記にだけ書き残している。
①一ヵ月以上の滞在に必要な食糧を持っておらず、遅延を重ねて回答を得ずに帰国という事態になれば、重大な損失となること

②後続の船がまだ到着しておらず、とりわけバーモント号に積んである贈り物が到着していないこと

二日後の七月十七日、ペリー艦隊は日本を去った。

これからが本番

天保薪水令（一八四二年）いらい、幕府は交戦を回避し（「避戦」）、代わりに対外関係の基本に「外交」を置いた。外交に必要な国内政治の論点はさしあたり次の三つである。

①鎖国という「祖法」を破棄して平和裡に条約を結び開国するか、それとも「祖法」を死守して戦争（そして敗戦）をも辞さないか。

②開国して海外の新たな政治・文化・技術などを導入すべきか、それとも旧来の方策に徹して体制を維持すべきか。

③条約の持つ意味をどう考えるか。とくにアヘン戦争の結果である南京条約の締結以降、急速に国際法にのし上がった最恵国待遇（条項）をどう理解するか。言い換えれば、どの国と最初の条約を結ぶのが有利か。

海軍を持たない幕府は、ペリー艦隊の行方を追えないままに、ただちに再来への対

応に取りかかった。七月十四日付けの幕府宛ペリー書簡には、「来春また江戸湾に戻る」とある。「来春」は、漢文訳では「来年春季」とあり、その和解《わげ》（和訳）は「来年三月頃」である。陰暦の三月なら陽暦では四月になろう。オランダ語の和解は「明年早春」としている。

ペリー艦隊の第一回来航はわずか足かけ十日間で、それなりの対応を示せたが、これからが本番と幕府は腹を固めた。

ペリー来航から十九日後の一八五三年七月二十七日、十二代将軍家慶《いえよし》が逝去した。喪に服すため、国政も一時とどこおりがちになった。約四ヵ月後の十一月二十三日、十三代将軍家定《いえさだ》が即位した。

阿部正弘　福山藩主から老中となり、国政を担う

この四ヵ月間、幕府の政策は大きく動いた。

①アメリカ大統領国書を回覧、各界から意見を求める老中の決断（七月三十一日）

②ロシア使節プチャーチンを長崎で応接（第一回がペリー帰航後の八月二十二日〜十一月二十三日、第二回がペリー第二回来航直前の一八五四年一月三日〜二月五日）、交渉の引き

延ばし策を図る

③大型船の所有・建造の禁止を解くか否か。大型船建造に関する老中諮問（九月二十八日）と解禁令（十月十七日）

④夏、海からの攻撃に備える「海防」策に着手。秋から品川など内海の台場の建設着工。なお十二月、江戸湾の固めが譜代四藩（彦根・会津・忍《おし》・川越）から五藩（熊本・萩・岡山・柳河・鳥取）へ交替

⑤江戸の市中取締り（一八五四年初頭から）と、再度の黒船見物の禁止措置（一八五四年二月から）

これらの諸問題に入る前に、鎖国とはいかなる政策であるかをみておく必要がある。幕藩体制や江戸の町を概観しておきたい。「海防」の観点からは、江戸はいかにも無防備な繁栄を誇っていた。ペリー再来への準備は、もろもろの問題を噴出させた。多様な情報が飛び交う「情報化社会」でもあったため、一つのデマがパニックを増幅しかねない。

2　鎖国と幕藩体制

鎖国の完成

まず鎖国政策について手短にみておこう。鎖国は一挙にではなく段階的に完成した。一六二四年、キリシタン国イスパニア（スペイン）船の来航を禁止、三五年、キリシタン禁制を理由に日本人の海外渡航を禁止、また在外日本人（とくに東南アジアにあった日本人町に住む人々）の帰国を禁止した。一六三九年にはキリシタン国ポルトガル船の来航をも禁止、ついに一六四一年、オランダの平戸商館を長崎の出島に移し、ここに鎖国が完成する。

この結果、長崎奉行所による会所貿易、対外情報の入手・翻訳の体制が確立する。長崎へ来航できる船は出島へのオランダ商船と、唐人屋敷への中国商船だけとなった。両国の商船は定期的に入港し、幕府の管理下で通商を行った。蝦夷地（北海道）ではアイヌやサンタンとの交易があった。これらの主にカネとモノを通じた相手国を「通商の国」と呼ぶ。

鎖国によって、幕府がすべての対外関係を絶ったわけではない。対馬を通じた朝鮮との関係、及び薩摩を通じた琉球との関係は保ち、「信頼関係を通じる」の意味で「通信の国」と呼び、江戸まで使節を招いて重視した。長崎、対馬、薩摩、蝦夷、これら「四つの口」を鎖国日本の開かれた窓口とし、それ以外の通商・通信のない国々の船を「異国船」と呼び、来日を拒絶した。

鎖国の意味変化

鎖国の完成から百五十年以上を経過した十八世紀末、北からはロシア船、南からはイギリス船やフランス船など、異国船がひんぱんに出没するようになる。航海術が発達し、世界貿易が拡大し、国際政治が変わり、「海洋国」が世界に覇権を確立すべく懸命になっていた。

鎖国政策の維持は次第に困難になり、変化を迫られる。当初のキリシタン禁制を理由としたポルトガル船やスペイン船の入港はもはや考えられず、国内のキリシタンの動きも静まっていた。鎖国政策の最大の課題は、日本人の海外渡航禁止と、その手段となる外洋船（大型船）の建造・所有の禁止に絞られた。

列強が「海洋国」として版図を拡げつつあった時、その対抗措置として幕府は逆に外洋船の建造・所有の禁止措置を進め、海からの攻撃にたいしては陸地に砲台を築く「海防策」を強化した。鎖国の「祖法」継承は、新しい世界の潮流と正反対の方向へ向かっていた。

幕府の対外令は第一章で見たとおり、四回にわたる。寛政令（一七九一年）、文化令（一八〇六年）は、北方からのロシア船にたいするものであり、必要な物資を与えて帰帆させる穏健な政策である。文政令（一八二五年）は一転して強硬な「無二念打払令」（躊躇なく打払え）となった。そしてアヘン戦争情報を分析し、穏健な天保薪水令（一八四二年）に復す。ペリー来航時は天保薪水令下にあった。

幕府と諸藩の関係

江戸（徳川）時代は、一六〇三年に徳川家康が江戸を開府して以来、一八六八年の大政奉還まで二六五年間つづいた。武士は領地の農村を離れて城下町に集住し、年貢の取り立てなどは領地の村役に手紙で指示するようになる。

徳川幕府は諸大名との連合体である。それを「幕藩体制」と呼んでいる。幕藩体制はかなり複雑で特異な政体だが、これが江戸時代の根幹をなす。およそ次の五点にまとめられる。

(1)「改易転封」の権限……幕府が戦争によることなく、領主（大名）から領地を没収し、または他所に移す権限。

(2)「石高制」……領地の土地生産力を、領主が年貢として徴収する石高で決めること。大名は最小の一万石から最大の加賀百万石までであり、江戸藩邸（大藩は上・

中・下の三つの江戸屋敷）を持つ。

(3)「軍役制」……旗本・大名ともその石高に応じて軍備をととのえ、幕府の命令で出動する義務。例えば一万石の大名は騎馬の武士一〇騎、槍三〇本、弓一〇張、鉄砲二〇挺、旗三本など計二二五人、五万石クラスでは一五〇〇人を平時も維持しなければならない。

(4)大名の「参勤交代」……軍役発動の一形態、一六三五年に開始。大名の半数を江戸に常駐させ、首都防衛に当たらせた。このため大名には一年おきに一年間の江戸滞在を義務づけた。

(5)「普請役」……幕府が大名に負担させる軍役の一種としての土木工事。

全国の総石高は約三〇〇〇万石であり、そのうち幕府の直轄領は四〇〇万石余りで、一割強にすぎない。幕府は、この財政収入をもって行政経費を維持していた。この財政基盤は脆弱だったとも、あるいは健全であったとも言える。これを補ったのが、上記の軍役制・参勤交代・普請などである。

幕府と各藩（大名）とが協調関係にあった長い期間にわたり、政治、財政、軍事の各方面において、各藩の安定がそのまま幕府の安定を意味していた。この幕府と諸大名の関係は、「地方分権」の姿ということもできる。長崎のオランダ商館にいたケンペルは、この「地方分権」を絶賛している。

幕府官僚の旗本

直属の家臣・官僚である「旗本」は、狭義では将軍に面会できるという意味で御目《おめ》見《みえ》以上の資格を持つものを指し、それ以下を御家人《ごけにん》として区別したが、広義では両者をふくめて旗本という。小は一〇〇石取りで一代かぎりの禄米を得る御家人から、大は九〇〇〇石クラスまである（一万石を越えると大名と呼ばれる）。江戸時代後期、御目見以上の旗本はおよそ五〇〇〇家、そのうち五〇〇石以上の旗本が一七〇〇家ほどである。

小禄の旗本の一〇〇石高とは、もともと一〇〇石の米が取れる領地を拝領した者を指したが、江戸時代の中期頃からは、蔵米取り（浅草にあった蔵から玄米で受け取る）が普通となる。一〇〇石を「四公六民」とすると、実質は四〇石の玄米で、白米にすると八・五分掛けで約三五石（約一〇〇俵）の実収になる。現金が必要なため、自家などの食用分を除いて一石＝約一両で売却、これで衣類・味噌・酒などを買い、槍持や中間、下男・下女も雇う。生活は楽ではない。住居は組頭のもとに屋敷町の一角にあった。

旗本の上位クラスの二〇〇〇石取りは、奉行に就任する場合が多い。実収は約七〇〇石。これを現金に換算すると約七〇〇両であるから、家来の侍八人など総勢三八人を抱えてもかなり楽である。屋敷は約一〇〇〇坪、門番つきの長屋門を持ち、屋敷内に家臣用の長屋を置く。三〇〇〇石クラスになると、主人の馬のほか七頭が必要となり、一六〇〇坪ほどの大屋敷を構え、下屋敷を持つ者もある。

幕府の組織

将軍を支える幕府の組織は、老中、奉行、大目付《おおめつけ》、若年寄《わかどしより》などタテの組織である。大老《たいろう》は置かれないことが多い。老中は大老不在のときの幕閣の首班で、老中首座は複数の老中の長、今の内閣総理大臣に相当する。初期には一万石以上の大名から選ばれたが、後には二万五〇〇〇石以上の譜代大名から補すようになる。老中は江戸幕府二六五年間に一四五人にのぼるが、うち一〇万石以上の大名から老中に就任した者は二三人である。

町奉行、寺社奉行、勘定奉行を特筆して三奉行と呼び、評定所《ひょうじょうしょ》（幕府の最高裁判所）を構成する。他にも畳奉行、長崎奉行、寄場《よせば》奉行など、多くの奉行職があった。

大目付は老中に属して、大名および老中以下の諸吏を監察する役目であり、幕臣のみならず、江戸藩邸の諸藩の武士にも権限が及んだ。

林大学頭

一六〇七年、徳川家康は林羅山《はやしらざん》を登用し、幕藩体制のイデオロギー的支柱とした。羅山は仏教・キリスト教批判を行い、神道とはイデオロギー面で同盟関係を形成した。中国から導入した儒教が、この時点から、神道との親近性という日本的な変容をとげた。朱子学が「性理」を説き、「忠」より「孝」を重視するのにたいして、林は人間の感情を「心理」として強調し、親子間の「孝」より、組織への忠誠である「忠」を重視した。

林羅山の登用は、「封建教学の正統化」というより、政治上の事務にあたらせ、家康らの個人的教養にそなえたものと考えられている。羅山についで代々家督を継承した林家の主な役割は、正統的イデオロギーの保持者から次第に脱皮し、朝鮮通信使の応対など対外関係の処理と、官吏養成が主務となった。

林家の官吏養成機能は、一七九〇年設置の「昌平坂学問所《しょうへいざか》」（昌平黌《しょうへいこう》）からである。その教育内容は実務的要素が強い。ペリーの第一回来航時には第十代の林壮軒《そうけん》（健）であったが逝去、父の弟の林復斎《ふくさい》（煒《あきら》）が第十一代大学頭《だいがくのかみ》に就任し、ペリー応接にあたる。

役職に応じて役高を決める足高制《たしだかのせい》（一七二三年）によれば、町奉行は三〇〇〇石であるが、林大学頭はその上の三五〇〇石である。

町奉行

町奉行は、江戸御府内《ごふない》の民生（行政・司法・警察）をつかさどる。南と北に位置し、それぞれ北町奉行と南町奉行を配して、月番制で勤務にあたった。商売関係の訴訟では、南町奉行所が呉服、木綿、薬種などの問屋を、北町奉行所は書物、酒、廻船、材木などの問屋を処理するという分担があった。

町奉行はまた町触《まちぶれ》という法令を出し、民生維持の役割を担った。町触は三人の町年寄から二百五十人ほどいた町名主へと伝達される。十九世紀の江戸には千五百町ほどあり、一人の名主の管轄範囲は数町から十数町におよんだ。黒船来航に伴う江戸市中の取締りには、名主たちが動員された。

町の住民には地主（または家持）、地借、店借、召使などの区別があった。町内自治にたずさわる権利をもつのは地主（家主または大家という）だけであり、実際には人を雇って代行させることが多かった。この家主が五人組を組んで連帯責任を負った。全体としては、町奉行―町年寄―名主―家主―店子という系列である。

3　アメリカ大統領国書の回覧と諮問

老中諮問

アメリカ大統領国書の原文は国務長官が代筆した英文だが、幕府が使ったのはウィリアムズの手になる漢文訳本とポートマンによるオランダ語訳本である。その漢文訳本の和訳は林大学頭（健）、オランダ語訳本の和訳は天文方手附の杉田成卿と箕作阮甫《みつくりげんぽ》による。回覧したのは、漢文訳本の和訳であった。主な内容は以下の七点である。

①親友の懇交を結び、通商の条約を定める
②アメリカは異国の政礼を侵さない
③火輪船でアメリカより太平洋を渡り、十八日で来日できる
④隣接の両国が往来すれば必ず大利益を得る
⑤貿易を始めても中止は可能、期間も限定できる
⑥難破船の船員救助の取決めをする
⑦火輪船に石炭を供給する

これらを整理してみると、条約内容に関しては①、⑥、⑦であり、その条約を結ぶ前提として②があり、⑤では一時的な期限付きも可能とし、条約がもたらす成果として④を強調する。理解しにくい点は③で、この位置にあることだが、これは②で相手国の制度を尊重しつつ、一方で「脅し」の一つとして軍事的・技術的な能力を示し、かつ④につなげたものであろう。

幕府は国書受理から二週間後の七月二十八日付けで、大統領国書を各界に回覧して意見を求める老中諮問を行い、三奉行・大目付・目付・海防掛への通達を出した。現代ではさして珍しくないが、この時代には、意見「公募」の形態そのものが、きわめて異例であった。

老中の通達は「これは国家の一大事であり、〈通商〉を許可すれば〈御国法〉(国是)がなりたたず、許可しないなら〈防御の手当て〉(国防の措置)を厳重にしなければ安心できない。彼らの術中に陥らぬよう、思慮を尽くし、たとえ忌諱に触れてもよいから、よく読んで遠慮なく意見を述べよ」と言う。続く大名への廻状も、評定所などへの諮問も趣旨は同じである。

ちなみに徳川家の記録である『続徳川実紀』の該当箇所には、第十二代将軍・家慶の死去に関しては当然に詳しいが、アメリカ大統領国書の回覧に関する老中諮問にはまったく言及がなく、またペリー艦隊の浦賀沖来航の記述は七月十日から始まり（来航は七月八日）、重要事項の取捨選択や情報伝達に微妙なずれがある。

国書受理前の意見

この老中通達に先立つ二週間ほど前、久里浜における大統領国書受理の前日の七月十三日付けで、仙台藩士・大槻平次《おおつきへいじ》（磐渓《ばんけい》）が「門下生」として、儒役・林大学頭健の「御内意」に答えた報告がある。儒役とは儒教担当の役目を担う林家への尊称である。時間順にもっとも早い、この「意見書」の主な内容は、次の三点である。

①黒船四隻の戦力は強大ですが、彼らに交戦の意図はまったくありません。わが国には自国の戦いでありますが、彼らには補給線がありませんから、戦争にはならないでしょう。

②渡来の意図は、蒸気船用の石炭補給地として一島を拝借することにあり、「異国船薪水施待所」について、伊豆下田や志州鳥羽の案があり、下田の場合には韮山代官の江川英龍《ひでたつ》を登用すべきです。万里の波濤を越え、断固たる決意で渡来したからには、少しは「御聞届《おききとどけ》」の必要がありましょう。

③海外の事情に通じた人が廟堂におらず、四藩による警備の費用は莫大で、このまま

では疲弊してしまいます。太平の世の中に慣れすぎ、戦争の事は耳に入れるのも嫌がる風潮が蔓延しています。帰国漂流民の万次郎を召しかかえ、この度の掛合役《かけあいやく》に登用すべきです。なお、交易は許すべきではありません。

分析の論点がしっかりしている。とくに①であるが、アメリカ艦隊に「交戦の意図はまったくない」と、これほど明瞭に言い切る意見は他に見当たらない。それにとどまらず、現実問題として「彼らには補給線がない」とも指摘する。「戦争がないこと」を前提として、②と③で応接人事に江川と万次郎の登用を提案、下田あたりで石炭を供給する妥協点を示している。

しかし、それ以上に注目すべき点は、これがアメリカ大統領国書の受理に先立ち、それも林の私的な門下生という形式でなされている点である。大学頭は朝鮮通信使の応接をし、一八四四年のオランダ国王親書にたいする返書を漢文で書くなど、「外交」に従事し、外交文書『通航一覧《つうこういちらん》』の編纂にもあたっている。林が対米応接の担当部署になることを考え、あらかじめ私的に人を使って調査を行ったものか。仙台藩士・大槻平次は大槻玄沢《げんたく》（『環海異聞《かんかいいぶん》』の編者）の次男で、江川英龍の門下生でもある。意見書提出の背景ははっきりしないが、この意見が幕閣や応接掛に回覧され、かなり強い影響を及ぼしたとみて良い。

提出された多様な意見

老中が各界の意見を諮問の形で募るなど前代未聞のことであり、諮問の内容が両論併記になっているだけに、さまざまな反響を呼び、提出された意見の内容は多岐にわたった。記録に残るものだけで七一九通。大名（藩主）から藩士まで、奉行から小普《こぶ》請組《しんぐみ》までの幕臣、学者、さらに吉原の遊女渡世・藤吉の意見まであった。かなり多様な内容を分類すると、およそ次の三つになる。

第一がアメリカの要求を拒絶し現状を維持すべしとする意見、第二が部分的な開国に応じるべしとする消極的開国論、第三が積極的開国論である。第一の意見には、日米間の戦力差の認識がまったくない。後二者に共通するのが日米間の大きな戦力差の認識であり、交戦は避けなければならないという強烈な「避戦論」である。

第一の現状維持論は、鎖国という徳川開府いらいの「祖法」を維持し、倹約の倫理・習慣を崩すべきでないと主張するもので、これが多数であり、諸大名の間に根強い支持があった。「倹約の倫理」は、米穀による石高を経済基盤とする武士層にとって不可欠であり、貿易はこれを攪乱し、富の流出を招くと危惧した。現状維持を可能にする明確な対策は必ずしもなく、「外夷」の態度がけしからぬと主張する。

川越城主の方策は、①江戸海岸に数百の大砲を装備すること、②江戸湾がもっとも狭くなっている観音崎—富津《ふっつ》間の二十町を埋め立てて第一防御線とし、猿島と富津間を軍艦で固めて第二防御線とし、第三防御線を江戸海岸の大砲とすることである。川越藩は一八四二年の天保薪水令公布から、ペリーの第一回来航後の五三年十二月までの約十一年間、江戸湾の相模側の海防をつとめた。海防の戦術論としては具体性を持っている。しかし、実現されたのは江戸海岸に砲台（台場）を築く第三防御線だけであった。

一方で、台場建設は意味がないとする意見（大番頭支配組与力）がある。①敵方の大砲は京橋、銀座、新橋、江戸城まで達するため、江戸海岸に砲台を築いての発砲は不利であり、あくまで浦賀の辺りで防御すること、②筏と伏雷火を浦賀の外側に設けること、③台場の代わりに高さ四間の土手を江戸海岸に築き、五〜七間おきに出入り口を設けて、そこから「大小の筒」（大砲と小銃）を打つこと、としている。

二種の開国論

開国論には消極的開国論と積極的開国論とがある。消極的開国論は次のような論理である。すなわち、外国の強い開国要求を阻止するには軍備が極端に貧弱であるから、開戦は不可能である。しかし手をこまねいていては併合されかねないから、最小限の妥協で止める。石炭供給程度の妥協で、年限を決めて貿易を始め、その間に軍備増強をはかり、貿易に利益なしと分かれば中止するというものである。三奉行の見解はこれに近い。

福岡城主の松平美濃守は、商売はしないことをアメリカに言い渡し、異議が出れば「打ち払うだけ」とする一方で、米・露には長崎での交易を許可し、英・仏にたいしては、数多の軍艦を引連れて来るはずだから許可しない。米・露をして英・仏を防がせるのも良い。いずれにせよ開戦だけは回避すべきと述べる。

第三の積極的開国論は、諸外国の要求を拒否できないという点で消極的開国論と同じだが、具体策が違う。軍備を整えるための財源は、開国・開港による貿易の利益をおいて他にないと明言する。そして旧来の海防論（陸地における専守防衛）を超えて、海軍を持つべしとする。富国強兵を目標とし、「海防」から海軍創設へと転換、貿易収入を財源にあてようとしている。

開国派の意見に共通する点が、大型外洋船を所有することへの強い関心である。黒船艦隊に接したことが直接の引き金になった。陸地に砲台を築いて応戦するだけの、旧来の「海防論」では対抗できない。江戸湾の入り口を外国軍艦に海上封鎖されれば、廻船は江戸へ入れなくなる。伊豆七島のどこかを占領されても排除する手段がない。したがって大型外洋船（軍艦にも使える）を持つべきとする。

二種の開国論に共通する点は彼我の戦力差、なかでも、軍艦を持たない現状では黒船艦隊には対抗しえないという現状認識である。では、どうすべきか。この段階では方針が煮つまっていない。「避戦論」をどのように貫くか、その具体的提案も生まれていない。

八月十四日、御三家の徳川斉昭《なりあき》（水戸）が「海防愚存」を公表した。公表時期は諮問から二週間後であり、早くもなく遅くもない。文面上は上記の三分類のどの要素も兼ねそなえているが、主張のスタンスが違うというべきか。影響力の大きな人である。阿部も幕閣内部の方針を固めるには、御三家や薩摩藩など外様の雄藩をも味方につけなければならないため、彼らの動向には注目していた。

斉昭の意見書は、福山殿（阿部）宛で、冒頭に「和戦の二文字を明白に決めるべきである」と述べる。「戦を主とすれば天下の士気を引き立て、たとえ一旦は負けても最後は勝つ」が、「和を主とすれば、当面は平穏のようでも、天下の雰囲気が緩み、後には滅亡にもいたる」。アメリカの願いを入れれば国体を壊し、キリシタン再興の憂いがあり、交易の大害が蔓延し、清国の轍を踏む、など計十ヵ条を挙げたうえで、

「戦の一字」を決めて全国に大号令を発すること、それにより「人びとを必死の覚悟にさせる」と言う。ここまでの論調は、第一の現状維持論によく似ている。

ところが中段に言う。「オランダにたいして軍艦の蒸気船、船大工、新しい武器類を献上するよう伝えるべきである。そうすればわが国でも優れた蒸気船を製造できる。オランダ貿易の利益をすべて軍艦（大船）にまわすのが宜しい。大船は参勤交代や米の運送にも使うことができる」。また後段では、弾薬にも使える花火を禁止し、無用な銅器をつぶして銃砲の製造にまわし、江戸湾に土塁を築き、郷士などを集めて訓練する、などの記述がつづく。

前段と後段にはさまれた中段の蒸気船購入の部分こそが、斉昭のもっとも強調したい点のようである。斉昭が大船購入の解禁に積極策を述べている点、これはまた阿部の狙っていた論点に他ならない。

ペリーに一ヵ月半遅れの八月二十二日、ロシア使節プチャーチンが条約締結のため長崎に来航、応接には川路聖謨《かわじとしあきら》を任命した。幕閣はすでに対米交渉を第一とし、対露交渉は第二とする方針を固めていたため、ロシアにたいしては引き延ばし策（「ぶらかし外交」）に終始した。ロシアを回避したことが後に幕府無能無策説の一つの根拠になるが、二つの大国を同時に相手にする二正面作戦を回避したのは賢明であった。

4　大型船の解禁

解禁論が続出

アメリカ大統領国書の回覧と老中諮問により、まず軍備を増強する方法はないかという意見が出てくる。諸外国に比べて幕府の防備が圧倒的に劣っていることは、一八四二年の天保薪水令公布にいたる段階で分かっていた。

主要な場所に砲台を築いて防備とすべしという「海防論」は、最低限の共通認識であったが、陸地に設置する砲台（台場）のみで十分か、それとも大型の軍艦を所有すべきか、この点をめぐって見解が分かれていた。大型船とは外洋船を指す。

すでに七年前の一八四六年、阿部が評定所にたいして大型船の建造解禁に関する意見を求めていたが、その時は不可という回答であった。大型船の操縦・運営は技術的に未経験なため実用的ではなく、経費がかさむという理由であった。

今回は状況が違う。九月二十八日、老中が「大船建造」に関する諮問を行った。阿部は、アメリカ大統領国書への対応と、「大船建造」とが論理的に関連あるものと考え、世論形成をにらんで再度の下問を意識的に行ったものと思われる。

対外的危機のなかで強い反対意見は出ていない。大型外洋船を解禁することは、日本人の海外渡航の解禁につながり、鎖国政策の破棄を意味しかねないが、この種の原則的な議論はみられなかった。

大名たちの多くは、対外防備は自分たちの課題ではなく、幕府の問題と考えたためであろうか、大統領国書の回覧にたいする意見具申に比べると、大型船解禁に関する意見は少ない。提案は幕府の各部署から出されたものが多く、時間順では、まず九月十八日付けの三奉行上申書がある。西洋式の外洋船を四隻製造すべしとし、その船名まで下田丸、蒼隼丸、日吉丸、千里丸と決め、前の二隻は御代船（官用の船）で、後の二隻は警備船にも使用する、この他に長さ三十間（約五十五メートル）以上の軍艦と蒸気船を建造する、操縦などの訓練体制も必要と述べている。

小普請組《こぶしんぐみ》の勝麟太郎《かつりんたろう》（勝海舟《かつかいしゅう》）の上書は、「軍政之御変通」を強調し、砲台の強化ばかりか、「軍艦その他をお世話されますよう」提案、その理由を、内地以外の孤島を外国軍によって奪われたときに出動するためと述べる。さらに軍艦製造と、その実戦訓練をも強調する。

林大学頭（健）の見解は、大船製造停止は鎖国時からのことで、それ以前には製造していた、世界情勢が一変した今、大船製造は解禁、老中から大船製造令を発布すべしとする。また参勤交代にも海路を利用すべきだが、海外渡航と海上貿易は旧来のまま禁止と述べる。

江戸湾防備を命じられた最大藩の彦根城主・井伊直弼《いいなおすけ》は、外国との交易を許し、御朱印船を復活して「堅実の大軍艦をはじめ蒸気船を新造し」、表面は「商船をよそおい」、内実は「もっぱら海軍の訓練を心得」るべきだとする。越後国新発田《しばた》藩士は、佐久間象山の「海防八策」をうけ、軍艦操縦の訓練の必要を強調する。

軍艦製造の経費を誰が負担するのか。これに言及するのが山形藩士の意見である。諸大名が藩の規模に応じて負担、六十万石以上は三隻、四十万石以上は二隻、二十万石以上は一隻、二十万石以下の諸藩は連合して「組合」を作り、上記の配分により軍艦を製造するというものである。軍艦の用途は必ずしも軍事用にかぎらず、海運など多くの用途があるとする点で、上記の林の意見と似ている。多様な用途として、彼は「三十の利益」をあげる。例えば、廻米、参勤交代などの他に、船の難破事件の減少、天文・測量など諸学問の発達、さらには小笠原の開発などである。

大型船解禁と鎖国放棄

大型船建造を解禁すべきか否かの老中諮問は、二者択一を迫る内容というより、解禁そのものは大方の意見であって、問題はその方法、いわば手続き問題であるという立場で書かれている。すなわち、旧来の法令・文言を改めるべきか、それとも、文言はそのままにして、「海岸防御臨機之御処置」をとるべきかの選択であった。

大型船の建造・所有は、鎖国の祖法に触れる可能性があり、文言の改定には慎重を期したものと思われる。大目付の意見は、解禁に賛成、さらに文言もきっぱりと改めるべきとした上で、諸物資の運搬には幕府自らがあたり、諸方の密貿易を取締まれと強調する。大型船を、軍用と商用の両面に使用する案である。このような過程を経て、「大船建造」問題はわずか三週間で決着、五三年十月十七日、大型船解禁の老中通達が出された。解禁と同時に、幕府はオランダ商館へ蒸気船を発注、自らも建造に着手する。

解禁は鎖国の「祖法」を覆すことになるのか。林は慎重に「海外渡航と海上貿易は旧来のまま禁止」と述べている。鎖国の当初、日本人の海外渡航を禁止、その具体的手段の大型外洋船を禁止した時点では、両者は目的（渡航禁止）と手段（大型船の禁止）の関係にあった。いま手段を先に解禁し、目的は変更しない態度をとって、政治的問題をすり抜けた。

ところが、この大型船解禁に関する老中諮問より二ヵ月も早い七月二十四日に、阿部は解禁の決意と、それに伴うオランダ商館長への蒸気船購入を決めていたとする資料がある。これは大統領国書を回覧した日より、さらに一週間も早い。蒸気軍艦七隻をオランダから購入する決定を下し、浦賀奉行から長崎奉行に転出（六月四日付け）の決まった水野《みずの》忠徳《ただのり》に伝達させることも、あわせて決めたという。

水野の江戸出発は八月二十五日、長崎着は九月二十七日であった。すぐにオランダ商館長へ伝えたという資料は見当たらない。解禁の意見は各方面から出されており、また十月一日には、薩摩から蒸気船製造と購入について老中への願いが出されている。さらに十月十五日、オランダ商館長クルチウスが、長崎奉行へ覚書を提出、蒸気船の購入や海軍創設問題など、熟慮した内容になっている。

これらのことを考えあわせると、解禁諮問の九月二十八日から、解禁決定の十月十七日までの、この三週間に事態が急速に動いたと考えるより、阿部が先に蒸気船購入を決め、幕府内部での調査やクルチウスへの相談などを行い、その総決算として諮問の形式をととのえ、解禁に踏み切ったと考えるほうが事実に合っていそうである。

大型船建造と購入

大型船を自ら建造するには時間がかかる。購入するほうがはるかに手っ取り早い。

価格などの下調べを終えて、幕府の長崎会所の福田猶之進が、蒸気船の購入打診に再度オランダ商館へ出向いたのが十一月二日、ちょうど長崎奉行がクルチウスと会談をしている時であった。

前述の三奉行上申書にある、自ら西洋式の外洋帆船四隻を製造する案の技術的基盤は、二百余年にわたる鎖国の間も、船大工らにより継承されていた。十一月十四日には柳之間詰《やなぎのまつめ》（江戸城内で外様大名が詰める場所）の大名にも通達を出し、小藩にあっては無理に大船を製造しなくても良いと述べている。

諸藩のなかでは、薩摩藩の造船計画がいちばん大規模である。一八五三年十二月六日付けで老中に出された伺書によれば、大船を一二隻製造するというもので、最大のものは長さ三〇間・幅七間余・深さ五間余、大砲三八門を備える大船である。換算すると約一四〇〇トンになり、ペリー艦隊の帆船より大きい。

蒸気船も三隻建造するとあり、大きいものは長さ二五間・幅四間余・深さ二間余で、大砲一二門を備える中型船、約一〇〇〇トン規模に当たる。この伺書のなかで、異国船との区別に「白帆に朱の日之丸の御印」を付ける提案をしている。これを受けた老中決裁は、一二隻の建造については伺い通り、帆印の件は趣旨は分かったが、追って伝えるとだけ答えている。

5　首都防備

江戸の世相

黒船という希代不思議の怪物を一目見ようと、庶民は大挙して繰り出した。陸路を来る者、海路を小舟で来る者。江戸湾に面して、浜方あるいは浦方と呼ばれる、漁村または半農半漁の村が多数あった。小舟を持ち、人や物資の運搬もしていた。江戸湾は往来が自由で、江戸の村々からも小舟に乗って黒船見物に来ることができた。江戸から浦賀までは街道を歩けば強行一日の行程だが、舟なら順風の場合、三時間ほどである。黒船がいつまでいるか保証はない。

黒船見物への幕府の対応は、ペリー艦隊が浦賀沖に入った一八五三年七月八日の翌日から始まった。相模の警備担当の松平　誠丸《まつだいらまことまる》が老中に伺いを出し、「船を艦隊の近くに乗寄せれば異変になるかもしれないと、彼のほうから断りがあった」と、ペリー側からの要請を理由に、乗寄せ禁止を打診した。

同日の町奉行から老中への伺いは、艦隊への接近禁止を提案している。しかし、準備は始めたものの、実施に移す間もなく沙汰止みとなった。黒船が来たら火事と同様の早半鐘を打つという決定も、二ヵ月ほどで中止された。ペリー一行の滞在が、わずか十日間だったためである。

江戸の都市構造

江戸の都市構造は、家康の入府から徳川政権誕生までの十三年間に、ハード面の都市計画を実施、基本的な骨格ができていた。一六〇三年、家康は旧来の都市づくりの原理であった中国の「四神相応観《しじんそうおうかん》」（東の青竜、南の朱雀、西の白虎、北の玄武）を放棄し、まったく新たな思想に基づいた都市計画を立案した。江戸城を中心に、あたかも「の」の字を描くように、譜代大名地、外様大名地、旗本・御家人地、町人地を配置し、さらに必要な箇所に寺社地を置いた。江戸後期には武家地が約七割を占め、台地を通る街道・往還から下にひろがっていた。残りの約三割の半分ずつを寺社地と町人地が占め、町人地は低地に造成された。

五街道・往還など道路網の整備もなされた。これは全国に通じる人・情報・モノを運ぶ基幹的な交通・情報系である。道路の管理は、助郷《すけごう》という沿道の村々からの労働奉仕でまかなわれた。河川の流れに手を加えて上水を供給（神田上水の完成が一六一五年以前、玉川上水の完成が一六五四年）、また河川を水運のルートとして活用し、関八州を江戸と連結させた。

大江戸に拡張した後も、この江戸中心部の構造は変わっていない。江戸の人口は十七世紀末には百万人を超え、生活水準が向上したために消費物資が増大した。この必要物資をどう確保するか。関八州から搬入される物資では足りず、廻船（千石船）により大量に運びこまれるようになった。大坂（大阪と表記するのは明治以降）から日用品や味噌・海産物などの食料が、東北からは米が大量に入る。江戸へ入る多数の廻船の検問のため、とくに東北からの廻船ルートを考慮し、一七二〇年に下田奉行所を廃止し、新たに江戸湾の入り口に近い浦賀に奉行所を置いた。

首都防御線の後退

ペリー艦隊が帰帆した後、一八五三年夏から、幕府は海上の防御線を大幅に後退させる決定を下した。前述の川越藩の提案に近い。すなわち、江戸湾の内海と外海を分ける観音崎―富津線に置いた防御線（打ち沈め線）を大幅に後退させ、江戸城に近い品川から築地あたりに移して、江戸湾内海の警備を強化した。

過密・成熟都市の江戸である。それを支える物資流通手段の廻船は、浦賀沖で奉行所の検問を受けて江戸に入る。一八五三年九月、浦賀から江戸への物流搬入ルート上の品川沖に新たに大筒台場十一ヵ所を建設することが決まった。一番台場から三番台場までは、翌年四月の完成を予定した。

品川台場の規模は、最大の一番台場が二万六二〇〇坪余で、見積経費は一万二四〇〇両である。水中に台場を築くため、三浦石・杭木・縄などのほかに、埋め立て用の大量の土砂が必要になる。石積みの裏に入れる三浦土丹岩《どたんがん》が約四分の一、残りの四分の三は高輪の泉岳寺や御殿山あたりを掘り崩し、東海道を跨いで舟で運搬する計画である。品川沖お台場の落札者として平内大隈、岡田次助、柴又村年寄五郎左衛門らの名前が見える。

このため東海道往還の通行止め（日没後は通行可）と、その迂回路の指示が出た。意見が飛びかう。江戸内海は遠浅だから、黒船がどこまで接近し、大砲の射程距離から、江戸のどこまでが戦火の危険があるか。台場からの発砲は、戦力として意味があるのか。台場周辺に住人は少ないとはいえ、その背後には過密な人口があり、敵方が上陸すれば、その防御は別個の問題となる。江戸が戦場になるなら、将軍の居所を大坂に移す必要がある、等々である。

十二月十四日付けの老中通達は、彦根・会津・忍・川越の四藩、その後を継承した熊本・萩・岡山・柳河・鳥取の五藩を加えた計九藩に、警備場所の変更をあらためて命じた。警備範囲の主力を、これまでの三浦半島や房総半島周辺から、品川・築地一帯に移す新方針である。

江戸庶民にとって、黒船は浦賀あたりの遠い出来事だったが、警備体制の変更により、目の前の現実問題に転化した。人と物資の動きが激しくなった。雇用の機会が増え、人足が払底し、日雇い賃金が急騰した。儲かる者もいれば、コメなどの物価急騰であおりを食った者もいる。女子供を避難・疎開させなくてはと慌てる者も現れた。

江戸の風説

十一月二十二日付けで徒目付《かちめつけ》と小人目付《こびとめつけ》とが、「江戸の風説」と題する「調査」覚書を提出した。ペリー再来が近いと思われる頃である。ある種の不安が江戸を覆っている様子を、次のように描いている。

①浅草あたりの武具師が繁盛している。太平の時代がつづき、武士は必要な武具の点検を怠り、ときには金に困って質に入れたりしていたところに黒船到来である。大慌てで準備にかかった。

②旗本が困窮し、内職でしのいでいる。五、六人の職人を抱え、あるいは三味線弾きや芸者など景気の悪い者を雇い、武具修理の内職をする旗本もいる。

③具足類が不足すれば値上がりは当然で、小間物屋に金一両二分で並べる者もいる。買い揃えても、見掛けだけで役立たずの武具もある。

④台場普請で雇用が増大、日銭が急騰して二倍になっている。職人たちには儲けの機会だが、困るのは武士、とくに旗本など困窮する武士である。このため人心恟々としている。

⑤将軍の逝去・代替わりともからんで、合戦の噂がかなり浸透している。日本は神国だから、外国の者たちがどのように押し寄せようとも、万一のときは昔のように神風が起こり追い払えるという者もいるが、そう考える者はごく少ない。

⑥武家への拝借金を使い果たしてしまった不届者がいる一方で、調練場を拡げて訓練怠りなく、「治にいて乱を忘れず」の美風もある。

⑦どうせ帳消しになるからと、借財する者がいる。

⑧質入れしたものを戻すとき、大幅安で半値という状況もあり、米・油・薪などが急速に値上がりしている。値上がりと金融逼迫の原因は異国船の到来にあり、来春に再来し帰帆すれば、ようやく世上安穏といわれている。

⑨先月の十月十五日、猿若町の三芝居の再開が決まった。中村座は鍋島騒動（狂言）の衣装などを揃えていたが、鍋島家から、上演すれば切り捨てるとの厳重抗議があ

り、町奉行も困りはて、結局、鍋島家から金千両の和解金提供を受けて出し物を変更し、二週間遅れの上演となった。

⑩吉原の営業停止がまだ解かれない。従業員が困窮し、廓の運営について協議を始めた。

6 オランダ商館長クルチウス

仲介者としてのオランダ

オランダは鎖国以後も親交を保った欧米諸国唯一の国で、長崎の出島に商館を置き、商館長を駐在させ、入港するオランダ船の貿易管理をしていた。オランダ商館長を日本ではカピタンとも呼んだ。一方の幕府も統制貿易のための会所《かいしょ》を設け、諸大名を排除して、幕府による独占貿易（会所貿易）を行っていた。

幕府側の責任者である長崎奉行は、カピタンを通じて、通商にとどまらず多くの海外情報を提供させてきた。また唐人屋敷に入る中国商船の船来情報もきわめて貴重であった。長崎はオランダ情報と中国情報という、二種類の海外情報を入手する最重要基地であった。比喩的にいえば、幕府は二本の鋭いアンテナを長崎に立てていた。

それにとどまらず、この時期になると、幕府がオランダ商館に期待したのは、幕府の政策を諸外国に伝達させる役割、つまり半ば外交的仲介者としての役割であった。オランダ側も、国際政治のなかで、日本の仲介者の役割を自覚的に模索し始めた。十九世紀初頭には、東アジアの商権がオランダからイギリスに移っており、また日本開国の使節はアメリカやロシアから来た。オランダの立場は変わりつつあった。

一八五二年七月二十一日に出島に来任したカピタンがドンケル＝クルチウスである。彼を任命したのも、新情勢に対応するオランダ側の措置であった。クルチウスが提出したペリー来航の予告情報については、すでに第一章でみたとおりである。

幕府はペリーの再来に備えて、クルチウスから直接に助言を得ようと考えた。一八五三年十一月一日、クルチウスが奉行所を訪ね、ついで長崎奉行の大沢秉哲と水野忠徳が大通詞の西吉兵衛と小通詞の森山栄之助を伴ってクルチウスを訪ねた。会談は内密に行われた。クルチウスの覚書に詳細は書かれていないが、奉行側の記録には詳しく残されている。話題の中心は、前年に提出された和蘭風説書のつづきとして、その直後に来航したアメリカ使節への取るべき措置である。

長崎奉行の「御請《おたずね》」と、それにたいするクルチウスの「御答《おこたえ》」という問答形式で、内容的には一種の対話とみてよい。いくつか重要と思われる点をみておこう。

奉行　日本の患を除くために穏やかな方法で対処すべしと、昨年の書簡にあるが、それはどのようなことか？

クルチウス　外国では最近、航海が盛んになり、カリフォルニアより中国、あるいはロシアのカムチャツカなどへの航路上に日本があるため、在米大使からの報告によれば、アメリカは日本に石炭置場を設けたいと考えている。諸国のうちアメリカが第一番に実現を望んでいる。

その要望を一切無視して考慮しない場合、ついには戦争になりかねない。しかしながら、御国法をただちに改める訳にはいかないだろうから、制限を緩めることが日本の安全の計策だと考える。

奉行　日本の法度に抵触しない安全の策というのは、どのようなものか？

クルチウス　外国の考えは、外国船にたいして日本人と同様の計らいが欲しいということだが、これは日本の国法に適《かな》わないから、オランダ人や中国人への対応と同様に、場所を限定すれば良い。

清朝では、外国人を一切拒絶したために戦争となり、その結果、広東など五港を外国人が勝手に出入りできるものとした。このように戦争になっては面白からず、そうならないための安全の策を講じるように。

貿易は有害無益

奉行　もともと日本は小国で人口が多いため、土地の産物も国民が使うには不足しないが、外国に渡す余剰はない。外国と交易することで「自国の用を欠き」、百年もつはずのものも五十年で尽きてしまう。外国との通商は利なく、生民を煩わすだけであり、旧来の法を変更すれば、自ら国家の弊を招くことになろう。したがって、どの国からの通商願いといえども免じ難い。

クルチウス　二百年来の御法のことは、私どもが申しあげることではない。しかし近年の時勢の変化からみて、このままでは済まされまい。外国も、もともとは御国と同様であったが、積年の錬磨により、次第に国法を改め、富福強盛となったもので、イギリス、フランス、ロシア、オランダなども同様である。一挙に国を開くのは無理だから、試みに一港を開くのはいかがか。国法の変更という問題では、その開いた港だけに限定して通商するのであれば、変更の必要はないはずである。

奉行　外国においては不足を助けて余剰を当て、互いに国の利益を補うというが、わが国では生民日用の品は自然と備わり、不足品がない。他国との交易で、かえって品物が不足となってしまう。井戸のように、一家用のものを隣近所が一斉に使うと、水が涸れてしまう。試みに交易するという方法では、永続する見込みがないと知りながら行うことになる。産物が減るため、唐蘭との交易もついには絶えるであろう。

過去の経験でも、唐蘭の他に広く外国と通商しつつ、国内では国政も一致せず、戦争に明け暮れ、商工業も振るわず、それに乗じて各国からの奸商が密かに利益をむさぼった。この経験から、通商を広く許せば乱世の法に復することになろう。外国側も、この意を察して得失を熟慮されたい。

クルチウス　広く諸外国と通商していたのを、唐蘭に限定するようになったとの経過、その国法の趣旨はよく理解できるが、いま外国との通商を開けば、唐蘭との交易品とは違う新たな品がある。日本には有余の品がないというが、御政府の取り扱わない品々で、商人が取り扱うものが沢山ある。また飢餓のときなどには、外国から米穀などを取り寄せることもできる。

中国の場合、茶は払底していたが、外国との取引きが盛んになるにともない、荒野を拓き栽培をすすめ、国中の茶が潤沢になり、その他の産物も増えた。総じて、貴方の述べたことは私の考えとまったく相違する。

奉行　米国より貴国に最肝要のこととして伝わったことを、すべてカピタンは御存じか？

クルチウス　私見を言えば、米国が第一に望んでいるのは石炭置場、船の修理場、第二に通商のことだと思う。

奉行　これまで述べてきたとおり、国法を崩すわけにはいかず、上下共に偏固の人情であり、外国と通商しないでも十分に足りている。新規の事をして民の煩いを求めることがあろうか。

クルチウス　患難、法を犯すという諺がある。ときには変更すべきものもある。

奉行　そのうちで主なものは何か？

クルチウス　アメリカが日本から石炭を購入し、それを囲い置き、必要なとき自由にその場に出入りできることであろう。

奉行　石炭のみというのなら、叶えることができる。

クルチウス　貴方とアメリカとの交渉で、はたして石炭問題だけで済むか否かは、自分には見通せない。

奉行　中国の例をひいて、茶の栽培が増加、貿易が増加したとの話であったが、中国や諸外国では荒野・砂漠の地が多いから、開墾し、栽培を進めることができる。日本は国が狭く、人多く、すでに開墾すべき土地は開墾しつくし、ここ長崎でも山上まで畑にしている。これ以上の開墾はできない。また凶作の年に穀物を外国から取寄せる話であるが、民生と交易の利とは自ずと性質が違う。その意味でも交易は日本に益がない。

クルチウス　そのような意見は外国人には通用しない。蒸気船の往来が増えた現在、石炭置場、難風の時の寄港地、薪水食料、船舶の修理などの要望を拒否すれば、戦争となる憂いは免れ難い。これを我が国王は、もっとも懸念している。

奉行　難風に遭って破船した場合、これを救うことは、これまでと同様にする。しかし修理のため、あるいは石炭置場用に提供できる地所は一切ない。国土が狭く、外国に土地を貸せば、その分だけ用を欠くことになる。

オランダを介してアメリカへ意見を

奉行　我が国の意志を無視して自分の利益のみを考え、ついには戦争に及ぶというなら、我が国は、「甘んじて戦争に及ぶべし」と思う。自国さえ利あれば、他国に害あっても構わないという主意であろうか。

クルチウス　外国政府の意図は何とも言えない。我が国王の趣意は、日本の「永々御安寧」を遠くから察することである。

奉行　戦争にいたれば互いに生民を殺傷し、益がない。これは通航の本意に反することにならないか。国法を改めるには諸侯の評議が必要なこと、ならびに将軍の逝去のことなどを、貴国を通じてアメリカに伝達したい。またこのような状況だから、今の段階でアメリカが来ても、十分に対応できない。

クルチウス　諸侯の評議と将軍の喪中・継承問題は、大変な時間と労力を要することと思う。アメリカ使節の再来を中止するよう、オランダ本国からアメリカに伝達するにも、たいへんな距離であり、間に合うか懸念している。

奉行とクルチウスとの対話は以上で終わる。アメリカに伝達してほしいという幕府の依頼は、もちろん時間的に間に合わない。オランダ船は、季節風を利用するため、秋（旧暦の九月二十日）には日本を離れなければならない。十一月に入ってからの依頼では、翌年の入港船に書簡を運ばせることになり、バタビアからシンガポール経由、香港でアメリカに渡すことになろう。通常どおりであれば、翌一八五四年の夏以降にアメリカに伝わることになる。

この会談によって、アメリカの狙いなどがはっきりした面もある。内容は、すぐに江戸へ送られた。

オランダに蒸気船購入の要請

この対話と同じ時期、すなわち第二日目の十一月二日から五日にかけて、長崎会所調所の福田猶之進がクルチウスを訪ね、蒸気船と帆船を数隻注文している。大船の解禁はすでに決定済であるが、自ら建造するにしてもモデルが必要である。建造か、購入か、両者併用か。両様に利用可能な方針で軍艦購入に踏み切った。この問題に関するクルチウスの返答は次のとおりである。

①注文から往復航路の日数を入れて合計十五ヵ月が必要だから、再来年には間に合う。

②鉄製の蒸気船の価格は一隻で二〇八〇貫目、帆船の軍艦は見積りが難しいが、一隻でおよそ一三〇〇貫目、合計三四〇〇貫目ほどで、五万六六〇〇両余に相当する。代金は銅ほか諸品を当てることができるが、銀より金と銅が良い。

幕府が購入を希望した船の規模と装置は、蒸気船が一隻（四〇〇トン、乗組員数が約三〇人、大砲六門）、帆船軍艦は一六〇〇トン級の大型船、八〇〇トン級の中型船、四〇〇トン級の小型船各一隻の、計三隻である。価格は比較しようがないから、言い値だったかもしれない。

この時期におけるオランダという国との親交が、きわめて大きな意味を持っていたことが分かる。

第四章　ペリー艦隊の七ヵ月

夏の十日間の訪日を終え、日本を離れたペリー艦隊は、活動の場を中国沿海に移した。中国情勢が急迫していた。清朝に対抗する太平天国と、それに呼応した小刀会《しょうとうかい》が上海を占拠し、在留アメリカ人の諸権益と衝突しかねない状況にあった。

中国の政情不安はつづいており、マーシャルとの論争にも、まだ決着が付いていない。ペリーは、上海在住のアメリカ人居留民保護を否定することはできず、また否定するつもりもなかったが、同時にまた、第二回目の訪日を少しでも早く実現したいと望んでいた。そこでマーシャルと意見交換しつつ、上海問題を先に解決しようと考えた。

第一回訪日後の一八五三年七月から、翌一八五四年二月の第二回訪日までの七ヵ月間、ペリーが中国沿海において対処してきた諸課題をみておきたい。日本滞在の約四ヵ月より長い期間である。

後の公式報告書『遠征記』には、この問題はほとんど触れられていないが、ペリーの海軍長官宛の報告には大きな問題として言及されており、彼の対日行動を考えるには、きわめて大切である。

第一が、アメリカの在華機構に関することである。ペリーとマーシャルの確執を考えるには、その前提となる組織・機構・権限の解析が必要になる。日本の外務省にあたるアメリカ国務省の諸機構が、どのような仕組みになっていたか、そして海軍省（東インド艦隊）と国務省との関係である。

第二が、大統領の交代に伴う問題である。ペリーは共和党系ホイッグ党のフィルモア大統領により任命されたが、出航の年の秋に大統領選挙があり、翌五三年三月、民主党のピアス大統領に交代した。政権交代により、交戦回避、「発砲厳禁」の指示がさらに強まった。

ペリーの似顔絵　日本人が描いた多くの似顔絵が残っている

第三が、現場におけるペリーとマーシャルの見解の相違と対立に関するものである。上海県城を占拠した小刀会や太平天国軍をどう評価すべきか、それが居留アメリカ人の保護問題にどう影響するか、これについても見解が対立した。

1 貧弱なアメリカ外交網と海軍

第一の問題、アメリカの対アジア政策の組織・機構をみておこう。当時のアメリカは新興国であり、超大国はイギリスであった。イギリスは東アジアに強力な外交機構を展開し、海軍も増強、また最強の通信手段である郵船網（P&O社）も樹立していた。アヘン戦争の戦果として割譲させた香港島は、イギリスから見て北半球最東に位置する植民地である。これが貿易を支え、世界制覇に不可欠の道具となった。

東アジアにおけるイギリス在外公館の職員は、一八四七年の段階で、香港植民地に香港総督をはじめ二八三人（うち警察官が最多で一五五人）、上海ほかの五港開港地に領事ほか計四九人がいた。

それに対して新興国アメリカは、商人たちの貿易活動を軸に展開し始めたばかりで、外交網は貧弱だった。一八四五年、アメリカは世界に八九人の領事を置いていたが、そのうちアジアに駐在するのは、カントン、シンガポール、マニラ、カルカッタの四港だけであった。一八五三年にはかなり増強されて、世界に一七〇人の領事を置く体制をつくったが、このうち有給はわずかに一〇人、あとは無給の商人領事であった。商人領事とは、貿易商に領事職を委任する制度で、中国では上海、アモイ、それに香港の三港だけである。領事の主な業務は、在留アメリカ人の保護や関税業務などで、それ以上の外交権限はない。

空席の弁務官

この体制では外交能力に限界があると考えたアメリカは、望厦条約（一八四四年）の批准書を交換するために、翌四五年、第三代の駐華弁務官エベレットを任命した。弁務官とは国務省の外交官で、公使待遇のポストで領事より格上である。彼が病気のため途上のリオデジャネイロから帰国、その間、東インド艦隊司令長官ビッドルが代理を務めた。エベレットは翌年にカントンに着任したが、四七年に客死する。人材不足のためか、空席期間が長い。エベレットの後の第四代デービスの着任は一八四八年一月で、約半年間の空席があり、退任は五〇年五月、第五代マーシャルの着任が五二年四月である。この間、じつに二年の空席期間がある。

アメリカ本国の国務省そのものが弱体であった。一八四四年、望厦条約の締結時には、国務省全体の職員数がわずか一五名、その外交課は職員三名、このうちアジア担当は一人だけであった。一八四九年に総数二四名、五六年になって五七名に増強されたが、それでもたいした数ではない。

海軍と宣教師

この弱体な外交機能を補っていたのが、一つはアメリカ東インド艦隊、もう一つが宣教師であった。すでに見てきたとおり、一八四六年のビッドル浦賀来航、四九年のグリン長崎来航、そしてペリー、いずれも東インド艦隊である。

この時期の米英の宣教師はカトリックではなくプロテスタントで、大きな団体としてはロンドン宣教師協会とアメリカ対外布教協会がある。彼らは医学・工学・印刷や通訳・翻訳・出版等、主に実践的な分野に携わっていた。清朝中国が中国語しか使わせなかったため、アメリカ側には中国語通訳の養成が不可欠で、宣教師が主にその任にあたった。前述した月刊誌「Chinese Repository」や各種の英字新聞は、宣教師たちのネットワークで得た情報を分析して掲載、世論形成の媒体となっていた。

著名な宣教師には、イギリス人のロバート・モリソン（一八一五年から刊行を始めた世界最初の英華・華英辞典の著者）や、アメリカ人ブリッジマン（ペリーが日本情報の種本と考えたシーボルト『日本』を英訳し、米清望厦条約の通訳も務めた）がいる。ペリーの通訳として来日したウィリアムズ、イギリス香港総督の中国語通訳官ギュツラフも、みな宣教師である。

ペリーとマーシャルの確執

ペリーはアメリカから四ヵ月半かかって香港に到着。先発の蒸気軍艦サスケハナ号はおらず、マーシャルが乗って上海へ行っていた（第二章を参照）。太平天国軍の勢いが上海に及ぶのを危惧して、上海在住のアメリカ貿易商がマーシャルに嘆願書を提出、「危機にさらされているアメリカ人の財産は、一〇〇万ドルから一二〇〇万ドルにのぼり、この財産保護を強く要請する」と述べたためである。

一〇〇万ドル余りの資産とは、アメリカ貿易商の貿易品ストックを基準に算出されたもので、年間の米中貿易が約六百万ドルであるから、二ヵ月分に相当する。米中貿易におけるアメリカ側の輸出品は、アメリカ産の白綿布とトルコ産・ペルシャ産アヘンが主であり、主な輸入品は茶であった。太平天国は中国茶の産地を支配下に入れ、さらにアヘン貿易反対を掲げていた。情勢によっては、アメリカ貿易商が大きな痛手をこうむる。

ペリーはカントンでウィリアムズに通訳を要請し、説得を終えると、すぐに上海に直行、ミシシッピー号からサスケハナ号に移った。新しい旗艦で、ペリーはマーシャルからの書簡を入手し、彼が上記の嘆願書に基づいて行動したことを知る。それに対する五月十二日付けのペリーの返事がある。

「私自身で中国情勢を理解するよう努力し、私の全艦隊が他の場所でも必要になっている現在、そのうちの一隻を、一時的にも手放す必要が実際にあるかどうか、この点を決定したい。……これらの海域でアメリカ艦隊を私が指揮しているかぎり、私は中国におけるアメリカの利益と同時に、私の指揮下にある他の諸港にたいする義務をも遂行しなければならないことを了承されたい。とくに私の任務とされる重要な使節について了承されたい」〔傍点は加藤〕

ペリーは、このマーシャル宛書簡において、自分の役職名を自分で変更すると同時に、「他の場所」、「これらの海域」、「私の指揮下にある他の諸港にたいする義務」の表現で、中国沿海（とくに上海）と日本海域とを区別し、訪日の重要性を主張している。マーシャルの返事は翌日付けである。

「日本遠征は、米中交渉の平和的・効果的成果を得た後の構想です。……アメリカ合衆国は、米中関係が将来において明白に確立されるまで、対日政策を修正することを望むでしょう。……現在、中国において享受している諸利益に比べて、これに等しいものは、日本には何ひとつ期待できません。……私の着任の信任状を北京に直接手渡すため、白河河口〔加藤注　北京から天津を通り渤海湾に注ぐ河の河口〕へ行くつもりです。軍艦を一隻、私の自由にさせてほしい」

ペリーの返事は明白だった。「私の指揮下にある四隻の軍艦のうち、一隻を貴官の言われるとおりに使用する正当な理由を見出すことができません」。こうしてペリーは上海を離れ、日本に向かい、六月二日付けで那覇からダビン海軍長官宛の報告第13号を書いている。

「五月二十六日、旗艦サスケハナ号とミシシッピー号、サラトガ号、サプライ号の四隻の編成となりました。プリマス号は上海に残しましたが、訪日までに合流できるよう期待しています。上海情勢から判断するかぎり、プリマス号を上海に残す必要はなさそうです。アメリカからの他の船を待って訪日するのが良いと考えないではありませんが、到着予定の船に関して、まだ情報がありません」

ペリーは、訪日を二回に分ける方針を取り、第一回訪日に踏み切った。この報告が本省に着いたのが九月五日、約三ヵ月かかっている。中国からワシントンまでに要する通信時間は不規則であり、最速で一ヵ月、遅い場合は四ヵ月を要した。通常のルートはイギリスの蒸気郵船P＆O社を使い、イギリスからワシントンへは別便を使っていた。

このような通信事情から、本国の指示によらず、現場における国務省のマーシャル弁務官と海軍省のペリー司令長官とで、この大きな政策問題に決着をつけなければならなかった。訪日の時期、交渉内容、通訳の選定などは、全て海軍長官からペリーに一任されていた。現場指揮官の「大きな裁量権」を重視する体制である。

2　日本重視か中国重視か

現場指揮官の裁量権を誰が握るか、それがペリーとマーシャルの論争にほかならない。ペリーは第一回訪日を終え、一八五三年八月三日付けで、船上から海軍長官へ報告第17号を書いている。「満足のいく状況下で、将軍の第一長官と会うことができ、然るべき儀式のもとで大統領国書を渡しました」として、交渉経過を比較的詳しく書いている。この報告が本省に着いたのが十一月十四日であった。

海軍長官は返事のなかで、第一回訪日の成功を祝すと同時に、「貴官の使命は平和的交渉によるものである。日本人の性格からみて、我が国の偉大さと力を誇示する重要性があるとはいえ、自衛を除き、決して暴力に訴えてはならない。……宣戦布告の権限は議会のみが有しており、十二分の思慮分別が発揮されなければならない」と、あらためて念を押している。ところが、これがペリーの手元に着いたのは、翌年の第二回訪日を終え、条約を締結した後の夏であった。

中国情勢の判断

中国沿海に戻って最初のペリー本省宛報告第18号は、八月三十一日付けマカオ発である。カントン在住のアメリカ商人たちからの要請や、そのペリーの返書などが添付されている。なお海軍長官が報告第18号、19号、20号を同時に受理したのが十一月十九日で、三ヵ月弱の時間を要した。

この報告第18号のなかで、ペリーは幾つか重要な見解を表明している。①太平天国を革命主義者と呼んでいること、②彼らが外国人宣教師と密接な関係を持っていること、③彼らは弾圧するより和解すべき相手と考えること、④未確認情報によれば、彼ら革命軍はすでに北京を陥落したこと、⑤清朝が倒れる可能性もあるが、新しい安定政権が樹立されるまでには時間がかかるとみられること、等々を挙げた後、アメリカの取るべき政策を次のように述べる。

①反乱に関して当面は静観する。
②アヘン戦争の記憶が強く、イギリスよりアメリカの評判が良いことを活用する。
③北京政府（清朝政府）に信任状を受理させるマーシャルの強行策は良くない。
④清朝と革命軍との内戦には、静観を守る「不介入政策」が最善である。
⑤したがって日本とその周辺諸国を、我らの商業世界に参入させることに最大限の精力を注ぐべきである。

ペリーの主張は、ここで「日本重視論」へとさらに接近していった。これを補強するかのように、報告第20号（九月三日付け、マカオ発）では、日本への航海を前提として艦船の状況を一覧している。サスケハナ号は良好、ミシシッピー号はカントンで在留アメリカ人の保護にあたっているが良好、新たに到着したポーハタン号はエンジンとボイラーの修理中で不良だが回復の可能性あり、到着したばかりのマケドニア号とバンダリア号は準備完了、上海警備中のサラトガ号は修理中、プリマス号、サプライ号、サザンプトン号はいずれも良好、と。

第二回訪日の決意

そのうえでペリーは、全艦船を率いて第二回訪日を実行すると意思表明した。「この使命が成功するか否かの鍵は、日本政府にたいして、道義的影響を及ぼす手段にかかっています」と述べ、合意を引き出すまで三隻の蒸気船を維持し、それを支える石炭積載帆船を三隻同行させると伝え、かつ要請したはずの二隻（バーモント号とアラガニー号）が来ないことに強い不満を述べている。

次のペリー報告第21号（九月二十六日付け、マカオ発）は、上海が陥落したことを記したあと、「しかし、いかなる外国人の生命・財産も脅かされてはいません」と述べ、万一に備え、サラトガ号を上海に残していると付言している。そして、フランス政府が軍隊を日本に派遣するという間接情報を得ていること、ロシア艦隊が七月にカントンに寄港し、アメリカ領事にたいして協力を惜しまないと伝えた後、カムチャツカ方面へ去っていったこと、などに言及している。

ペリーの「日本重視論」は、マーシャルの「中国重視論」を説得しきれたとはいえないものの、第二回訪日を急ぐ方向へと傾く。中国情勢はペリーの楽観論どおりか、それともマーシャルの言う危険論か、両者の論争はさらに激しさを増した。マーシャルは九月二十二日付けのペリー宛書簡のなかで、国務省から「アメリカ人居留民の生命・財産・活動の保護こそ最重要の活動であり、……この重要目的に奉仕するのがアメリカ海軍の任務である」との指示が来ていることを述べ、中国各地の不安な政情を伝えている。

3 一人二役のペリー

条約締結というペリーの任務にたいして、必要な人員の配置はなかった。条約に精通した職員も付かず、通訳、科学者、書記などの人選はペリーに一任されたものの、そのための定員枠はなく、艦隊内部の職名を使い、安い給与で採用せざるをえなかった。

その分だけペリーは、海軍長官に「十二隻からなる堂々たる艦隊」の編成を強く求めたが、実際には十隻にとどまった。そのうちの一隻を上海に残し、九隻を第二回訪日にあてる。

ペリーへの三通の政府指示

ここであらためて、ペリーの任務の内容とその範囲について、基幹となる点を再確認しておきたい。史料は三点、時間順に配列すると次のようになる。

A「コンラッド国務副長官からケネディ海軍長官あて書簡（一八五二年十一月五日）」

B「アメリカ大統領から日本国皇帝あて国書（一八五二年十一月十三日　エベレット国務長官が代筆）」

C「海軍長官ケネディからペリーへの指示（一八五二年十一月十三日）」

このうちAは、ペリー出発前に「この遠征の諸目的」に関する大統領の指示を伝えたもので、約六ページ程の長文である。一八三一年の日本船のオレゴン漂着に始まる日米交流史と、幕府の対外政策を概観した上で、ペリー派遣の三つの目的を挙げる。

(ア)日本列島に漂着、または悪天候により日本に入港したアメリカ人船員とその財産を保護するため、恒久的な取決めを結ぶこと。

(イ)アメリカ船の薪水・石炭などの補給、または海難船の修理のため、日本の一港あるいは複数港に入港する許可を得ること。とりわけ、石炭貯蔵所の確保が望ましい。

本島での確保が無理な場合、多数あるといわれる無人島の一島を確保すること。

(ウ)荷物を売買ないしバーター（物々交換）する目的で、一ないし複数港に入港できる許可を得ること。

この順番が優先順位を示すものであるとすれば、①漂流民救助、②避難港の確保、なかんずく石炭補給所の確保、③限定付きの通商港の確保となろう。

さらに国際法の最恵国待遇に言及し、次の段落で、上記の目的を達成するための方法について、「過去の経験からして、力の誇示のない議論と説得では、彼らに通じないことは明らかである」と述べ、艦船を可能なかぎり奥深くまで進め、できれば皇帝自身と面談し、国書を手渡すよう指示している。次いで過去の日米交渉の事例を掲げた後、アメリカ政府が結んだ中国、シャム（タイ）、マスカット（オマーン国）との条約のコピーを添えて、その一部を日本語に訳しておくよう指示している。

発砲厳禁の大統領命令

つづけて言う。

「以下の点に留意すべきである。大統領は宣戦布告の権限を有さないこと、使節は平和的な性格でなければならないこと、指揮下の艦船や乗組員を保護するための自衛、または司令長官や乗務員に加えられる暴力への応戦以外は、軍事力に訴えてはならないこと」、「誇り高く、報復的な性格の国民との交渉には、礼儀正しい懐柔策と同時に、断固とした態度で臨まなければならない」。

これらの指示は、東インド艦隊司令長官宛とは思えないほど、高度な「外交的」内容である。正規の外交官でさえ対応に苦慮するに違いない。

二つ目の指示Bは、日本側が受理した大統領国書である。ペリー派遣目的について七項目を述べたあと、最後に、①親睦、②通商、③石炭などの補給、④アメリカ人漂流民の保護、の四つで締めくくる。

三つ目の指示Cでは、条約の目的などには言及がない。予定艦船の名称と艦長名の一覧と、「大きな裁量権」の付与を述べ、無人島の発見、一八三七年の米海軍法、艦隊乗組員の全記録は公的なものであり、海軍省の許可を得ずに公表できないと書かれている。

以上三つの指示は、いずれもペリーが出国前に受けたもので、中国情勢の急展開や、マーシャル弁務官との論争は想定していない。ペリーが、日本との条約締結こそが自分の最大任務と判断したのは自然であろう。

現場の中国におけるマーシャルとの論争は、日本との条約締結という任務と、海軍司令長官としての通常の任務（とくに在留アメリカ人の保護のための出動）の二つのうち、どちらを優先すべきかが争点であった。

一方のマーシャルは、その所轄範囲が中国のみであり、もっぱら中国政府に正式に着任信任状を受け取らせることと、中国在留アメリカ人の保護に関心があった。ペリーとマーシャルとの論争は、それぞれが与えられた任務の違いに起因している。

ペリーが核心を突く

ペリーが本省宛に書いた次の報告第22号は十一月九日付けで、発信地は同じマカオである。ペリーはマーシャルとの往復書簡を添付し、「私の得ている情報によれば、在留外国人への危険はひどく誇張されたものであり、……中国では、地方政府の混乱と交代はよくあること、それにもかかわらず、外国人とその財産が脅かされているという証拠はありません。反乱部隊はむしろ融和的であり、外国人を保護していると思われます」と述べた上で、次のように言う。

「アメリカ、イギリスなどの商人の貿易のうち、大きな比重を占めている商品は密輸品であり、中国政府の法令と米清望厦条約に違反しています。海軍が自国商船の保護を行うとしても、積荷が合法商品か密輸品かの区別がつきません。……英仏のように、大使ほかの外交機構が整っているのなら別ですが、我がアメリカの場合、艦隊の司令長官はまったく無力です」

ここでいう密輸品とはアヘンを指し、これが中国政府及び米清望厦条約の違反であると、ペリーは釘を刺した。さらにペリーは言う。

「艦隊司令長官としての役目は、物資補給、石炭確保、航海のための準備、将兵の健康管理であり、事実、この霧の出る季節に多くの病人が出ており、死者も出ています。マーシャルの五月の要請に従っていたなら、私の第一回訪日もできなかったはずであり、今回も同じであれば、日本政府に約束した第二回訪日が危機に瀕します。……したがってレキシントン号が着き次第、私は琉球と日本へ向けて出発するつもりです。……日本にはアメリカ人の商人も外交官もいないため、彼らの介入に煩わされることなく、全精力を注ぐことができます。成功するか否か、全責任は私にあります」

この十一月九日付け本省宛ペリー報告第22号がワシントンに着いたのは、報告第25号と一緒の一八五四年一月十三日であった。

本省への頻繁な報告

マーシャルとの論争はまだ続いている。ペリーは十一月二十日にも報告第26号（同じくマカオ発）を書き、自分とカントン在住アメリカ人商人との往復文書を付けているものの、日本への出港を躊躇した様子はまったくない。十二月二十四日付けの報告第30号は香港発で、フランス軍艦とロシア軍艦の不審な動向に触れた後、イギリス香港総督ボナムと、小笠原諸島（ボーニン＝無人諸島）の領有権問題や琉球に関して交渉したことに言及している。

この間のペリーによる本省報告は通常より多い。年が変わった一八五四年一月二日付けの報告第31号（発信地は香港）は、ペリー自身も「多すぎるほどの報告で、お煩わせします」と書き始める。「同封のマーシャルからの書簡にあるとおり、彼は昨年五月の私の第一回訪日直前と同様に、今回もまた北京に信任状を渡すため協力を求めてきましたが、私は数日のうちに第二回訪日に向けて出発する予定です」

その一週間後の一月九日付け報告第33号は、「この紳士（マーシャルを指す）の要請がもたらす障害に関しては、ご承知のとおりと思いますが」と書き出し、「すでに日本への先遣船は出発しており、私自身も三日間のうちに琉球と日本へ向けて出発できるよう期待しています」と述べている。

この報告に添付したマーシャルとの往復書簡は異例に長く、激しいやり取りが示されている。最大の争点は艦隊の配船問題である。政情不安の中国に蒸気船を残せと主張するマーシャルにたいして、ペリーは最大数の艦船を率いて第二回訪日を果たしたい、それが自分に課せられた任務であり、条約締結の要件であると強調する。

本省へのペリーの最後通告

一八五四年一月十四日付け報告（香港発、通番なし）で、ペリーは今日が第二回訪日のため「香港を出発する前夜」であると書いている。本省指示（一八五三年十月二十八日付け）を昨晩受理したことに触れた後、マーシャルの後任、マクレーン弁務官のために蒸気船一隻を中国に残せとの指示にたいして、次のように言う。

「この措置は、現段階では、きわめて不都合であり、私の計画を妨害するものです。……私が三隻の蒸気船を率いて訪日する意図をご了解ください。指令に服するのが私の義務ではありますが、こうしなければ私の使命が達成できません。三隻のうち一隻は、江戸湾で切り離してマカオに向かわせ、弁務官の使用に供すことにします。……この指令が私の期待を打ち砕くものであったと告白せざるを得ませんが、全力を尽くす所存です」

ペリーの表現は相当に強い。反抗的とも取られかねない。しかし、日本重視か中国重視かという政治的判断は別として、艦隊の司令長官として出発準備を完了し、先遣隊を出した後に受けとった指示であり、いまさら変更はできないと書いたのも一理ある。こうしてマーシャルとの論争に決着をつけ、本省に「最後通告」を出して、やっと第二回訪日に踏みきった。

遅れた本省指示

それにたいする海軍長官ドビンの返書（五月三十日付け）は、ペリー見解を否定し、次のように述べている。

「奄美大島の一島を領有できるかもしれないという貴官の示唆に当方は困惑してい

る。この問題を大統領に示したが、この貴官の愛国的行為は評価するものの、これは議会承認事項であり、実行するつもりはない。……日本当局とは武力を用いずに合意し、領土を求めない健全な政策を取るよう努められたい。……弁務官に蒸気船一隻を使わせるという指示が、貴官の困惑と苦しみの原因になったことを遺憾に思う。これは当局の考えを超えたものである。弁務官の中国との交渉には、あらゆる便宜を供するべきである。貴官の艦船は、貴官の希望する数より少ないとはいえ、第一回訪日のときよりはるかに多い」

海軍長官はペリーの主張を否定し、マーシャルの側に立った。しかし、ペリー報告が本省に着いたのは四ヵ月後の五月三十日。すぐに海軍長官はこの返書を書いたものの、日米和親条約は、その二ヵ月前の三月三十一日に調印を終えていた。

ペリー艦隊の二度目の訪日は、一八五四年二月の厳寒期である。航海に最悪の季節にもかかわらず、予定を繰りあげてこの時期を選んだのは、ロシアのプチャーチンが二度目の訪日で条約締結を先行するかもしれない、との情報を上海で得たからである。

ロシアはペリー派遣を知って、すぐにプチャーチン派遣を決定した。いわばアメリカのコピーである。ペリーは焦った。遅れるわけにいかなかった。是が非でも一番乗りを果たさなければならない。国際法の「最恵国待遇」では、一番乗りの条約が最大の意味を持つ。

プチャーチンの二度目の長崎来航は一八五四年一月三日である。幕府の「ぶらかし外交」（たぶらかし外交）により何らの結論も得ず、二月五日に帰帆した。そのわずか三日後の二月八日、ペリー艦隊は七ヵ月ぶりに江戸湾に姿を現した。

第五章　一八五四年　ペリー再来

幕府の人事異動

ペリー艦隊再来の一ヵ月ほど前、一八五四年一月十三日、旧暦では暮れも押しつまった嘉永六年十二月十五日、浦賀奉行所に関連する大きな人事異動があった。将軍申渡しにより、江戸在勤の浦賀奉行・井戸弘道を大目付兼海防掛に任命、その後任として伊澤政義（美作守《みまさかのかみ》）を浦賀奉行に任命するという内容である。また同日付けの老中指示で、小普請方の黒川嘉兵衛を浦賀奉行所の支配組頭に任命した。

翌十四日、新任の大目付・井戸弘道、町奉行・井戸覚弘（対馬守《つしまのかみ》）、目付・鵜殿《うどの》民部少輔《みんぶしょうゆう》の三名にたいする老中申渡しは、「浦賀沖に異国船が渡来した場合は彼の地へ派遣する。即刻出張《でば》りもあるため、準備をしておくこと。応接法など全てを浦賀奉行と相談し、御国威を立て、後患なきよう厚く勘弁《わきまえ》て取り計らうこと」とある。

浦賀奉行は二名制で、一名が江戸城詰めで新任の伊澤政義、もう一名が浦賀在勤の戸田氏栄である。この浦賀奉行二名と上掲三名の計五名で異国船応接をすべしとする老中の指示である。後に応接掛筆頭となる林大学頭の名前は、まだ挙がっていない。

1 市中取締り

江戸市中取締りは、冬が近づいて再浮上した。旧暦の暮れ、陽暦では一八五四年一月下旬、酷寒・乾燥の季節で火事も多い。ペリー再来をこの頃と予想していたことも重なり、一月二十日、江戸市中の取締りについて、町奉行から具体策が提案された。「御府内の動揺を取り鎮め、老人と幼児は立ち退かせ、悪徒共の災害がないように申渡」すと述べる。

取締りの中心課題として「悪徒」を示し、その参考例として七十年ほど前の天明七年（一七八七年）の市中人家打毀《うちこわし》事件に関する触《ふれ》の写しを添付している。半世紀以上も昔のこの触には、「組の者を召しつれ、今日より相廻、あばれる者どもは召し捕らえ、町奉行所へ渡すべし、なお手に余れば切捨ても構わぬ……」とある。これを逆の面からみると、町奉行管轄下で約七十年もの間、これ程の事件が起きなかったともいえる。

ついで一月二十四日、南町奉行所から北町奉行所へ相談がなされた。その結果、異国船来航に早半鐘を打つ決まりを敷いたが、それを中止したので守ること、また市中見回りの与力に槍を持たせる案を中止し、火事具（火事の際の装束）にとどめること、夜は高張提灯とすること、市中見回りは「人気《ひとけ》取鎮《とりしずめ》（不安を鎮める）のため」穏やかにすべしと確認した。

同日に出された町触も「異国船渡来の節は騒ぎたててはならぬ」となっている。具体的内容は、①早半鐘を鳴らさないこと、②名主へも申し渡したから名主の言うことを守ること、の二点である。人心の鎮静化を中心とし、その方法として、伝統的な支配組織の末端に位置する町名主（約二百五十人）を利用する方針をとった。

江戸町名主への町奉行指示

一月二十五日、町奉行から江戸町名主へ指示が出された。

①火元の用心を厳重にする。

②異国船渡来の際は、火消、抱え人足、店の人足は、家主とともに番屋に詰め、無宿者など乱暴に及ぶ者あれば取押さえて奉行所へ連行する。反抗する者は打ち殺しても構わない。

③武家方の浪人体の者が町屋や番屋に来て難題を申す場合には、取押さえて奉行所へ

連行する。
④以上の市中取締りは、外部へは洩らさぬよう内密にする。
⑤異国船渡来で羽田沖合の固め（防備）が激しくなった場合、海岸付の町々の者は親類などを頼って立ち退く。
⑥所縁の者がいない者は、馬喰町・小伝馬町の三ヵ所の旅人宿に集合する。立ち退きの際は、大道具の運搬は混雑の原因となるから止める。また日雇い人は、町所から飯を配給するので心配しないこと。

寛政の改革で改正された「町法」がここに生きており、これをもってパニックを未然に防ぐ狙いである。

ペリー艦隊が今度は江戸湾内海にまで入りこむと想定して、幕府はすでに品川沖に台場建設を進めていた。江戸市中の混乱を避けるために、想定される問題の拡がりは限りなく大きい。前代未聞の事態であり、どこに「万一の事態」が生じるか。

さらに町奉行・井戸覚弘自身がアメリカ応接掛の一員に任命されたため、いつ浦賀出張りの命が下るか分からない。町奉行がアメリカ応接掛を兼務し、与力・同心を連れて赴任となれば、町奉行所はその穴を埋める必要が出る。一月三十日、町奉行は応援依頼を老中に上申し、十人の人員が得られた。衣装は与力が「踏込《ふんごみ》」、同心は「役羽織」を着用することとした。従来とは違う組織が入りこむため、衣装で区別したのである。

見回り場所は、芝、品川、築地、浜町、本所、深川、浅草、下谷、坂本、本郷、小石川、小日向、牛込、市ヶ谷、四ッ谷、赤坂、青山、麻布の計十八町、いずれも沿岸の人口稠密の下町と街道沿いの武家屋敷、すなわち町奉行支配下の「墨引」線の内部である。

2　ペリー艦隊再来と臨戦態勢

座礁船の救出援助

厳寒期の一八五四年二月八日（旧暦の嘉永七年正月十一日）、ペリー艦隊の第一陣が再来した。張りつめる冷気。雪をかぶった富士山は、「心地よい夏姿ではなく、荒涼たる陰鬱な姿」と艦隊員には映った。

浦賀奉行から老中への届けは八日の朝九時頃、伊豆沖に七隻ほどの異国船を見た、という漁師からの報告に基づいている。沿海の諸藩の報告では三隻とするものが多い。十一日の浦賀奉行の老中届けでは、一隻が浦賀沖を通過して内海（観音崎と富津をむすぶ海防線の内側）まで入った、総数で十隻、うち「三艘は蒸気船」とある。情報は乱れるが、前年の四隻より多いことは確実となった。

翌十二日、情報を整理して、側衆《そばしゅう》（将軍秘書格で老中との取次ぎ役）へ出した老中書簡には、艦隊は全部で十隻、「船中の一同は穏やか」と記したうえ、三浦半島の長井村沖の亀木という磯根（海底が盛り上がっている場所）に一隻が乗り上げ座礁しており、その救助に奉行所の番船があたったほか、警備の彦根藩にも応援を求めたとある。

十二日の老中あて浦賀奉行届けには、「異人ども小船にてようやく引きおろし、無事であった」、アメリカ側に用事があれば手助けすると伝えると、「たいへん有難がり、格別の願いはない、風波が強いので明日にも浦賀に回る」との返事があったと記している。

奉行所と彦根藩による自発的な救助活動に、ペリー側も感謝の記述を残している。浦賀奉行所が座礁事件の第一報をペリー艦隊に通報、ペリー艦隊ではすぐにサザンプトン号（五六七トンの運送帆船）を救助に向かわせた。座礁したのはマケドニア号（一三四一トンの帆走軍艦）である。大砲やバラスト（船体を安定させるために船底に積む瀝青炭《れきせいたん》）などを海中に投げこんで船体を浮かせるうちに、蒸気軍艦ミシシッピー号（一六九二トン）が到着、ロープで引き出した。

日本側の救助活動を待たずに自力で処理はしたが、第一報を日本側から得たことについて、「サザンプトン号のボイル少佐は、鎌倉沖に二隻が到着、そのうち一隻が座礁との知らせを日本当局から受けると、サザンプトンのランチに二名の士官と必要な乗組員を乗せて派遣した」、「日本人はマケドニア号の座礁に気づいて、助力を申し入れてきた。これによって日本人の友好的な態度が見事に示された。彼らが援助の手を差しのべ……海浜に打ち上げられた瀝青炭入りの大樽を拾い上げ、労を惜しまず、二十マイル（約三十二キロメートル）も離れた艦隊にまで送り届けてくれた」と記す。

この段階では、ペリー艦隊は七隻である。蒸気船は二隻から三隻に増えていた。新しく蒸気軍艦ポーハタン号（二四一五トン）が加わった。横浜沖（小柴沖）に停泊、艦隊側はここをアメリカ停泊所と命名した。

長期にわたる艦隊勤務

ペリーの航海生活は、アメリカ出港から数えて、すでに十四ヵ月を越えていた。海軍勤務が四十年を超える猛者とはいえ、まもなく還暦を迎える身である。疲労がたまり、寒さで持病のリューマチ（関節炎）が悪化した。

帆船プリマス号とサラトガ号の乗組員はさらに長く、四年間も連続して艦隊勤務に就いていた。死者も病人も記録されている。前年十一月のペリーの本省宛報告によれば、過労による勤務解除者は、船長、外科医、パーサー各二名、士官三名、多数の水兵と海兵隊員。

こうした過酷な状況をペリーは隠し、むしろ太平洋を横断して十八日で来られるという机上計算を、あたかも事実のように日本側に伝えていた。

浦賀奉行所の触

前年よりも大規模な艦隊が、江戸湾内部まで入り込んだとの情報に、来航から三日後の二月十一日、浦賀も江戸もいっせいに厳戒態勢についた。浦賀奉行所から二通の町触と、一通の浦触が出された。第一の町触は、町の外部から入る者を対象にしている。「東西浦賀に旅人風の侍が多数入った。異船見物であろうが、御国恩のためと心得ている者もあろう。旅人を糾すこと。事と次第によっては取計いもあるので、この事を申渡す」。

もう一つの町触は町民に対するもので、「この度の異国船渡来は、昨年夏いらいの風聞もあり一同心配であろうが、平穏のようであり心配無用、家業をいつもどおりに行うよう」指示している。

浦触はもっぱら黒船見物を禁止する内容で、浦賀から神奈川浦までの沿海部に出された。「異国船停泊の場所に小船にてみだりに近づく者ありとも聞くが、右は御国法をわきまえず、如何なものか。以来、このような輩《やから》を見次第、取り押さえるよう厳重に申付ける」とある。

緊迫する江戸市中

同じ十一日、江戸城では老中申合せが決まった。動員体制についてである。着用する衣装は、①登城には火事具を着用、②見回りや出張りも同様、但し甲冑は長持ちに入れるなど包んで運ぶ、③万一の異変のさいは小具足《こぐそく》に陣羽織を着用、甲冑はめいめいが背負う、④出張り場所として老中は増上寺、若年寄は浜御所。

これを受けて翌日、老中から目付に相談書が示された。泰平の世がつづき、小具足に関しても諸説入り乱れ、武具屋も混乱する。そこで、甲冑なしの装束を小具足と言うと定義した上で、喉輪《のどわ》をかけること、鎧《よろい》は着けず腹当《はらあて》、籠手《こて》、臑当《すねあて》を着けるなどと説明がついている。

この老中覚書にたいして、急場をしのぐために現実的な対処が必要であったのであろう、目付が評議のうえ意見を述べている。①肩の上に籠手を取り付けたものでも良い、②六種類の具足がみな揃わなくても、陣羽織などを着用すれば差し支えない。

翌十二日、江戸では町奉行が町名主にたいする心得を通達している。異国船再来には、火事と聞き違えもあるため早半鐘を打ってはならず、代わりに早拍子木《はやひょうしぎ》を使えという指示である。冬は火事が多い。火事の知らせと区別して、異国船渡来の合図は、切れ目なく連打する早拍子木を採用した。

同日、江戸で異国船見物禁制の町触が出された。沖合に異国船が現れたら、町役人は海岸で見物人を制止し、舟を出す者があれば見張りに連絡すること、この触はとくに舟持ち一人一人に伝えること、また火の元には厳重に注意することを指示している。

3　応接所をめぐる交渉

アメリカ応接掛の任命

ペリー再来の約一ヵ月前、大目付に転出した井戸石見守、町奉行・井戸対馬守、鵜殿民部少輔の三名に、老中が浦賀出張りの準備を申し渡した。これら三名とともに、新任の浦賀奉行・伊澤政義がアメリカ応接に当たる体制になった。

幕藩体制は、一方に御三家・御三卿など徳川将軍を支える親藩があり、次に譜代大名がおり、さらに外様大名がいる。老中を出す譜代大名は将軍家に近いが、大藩ではない。したがって政治勢力として影響力を増してきた薩摩（鹿児島）など、外様の大藩を無視できない。

そのうえ、幕府には条約交渉を担当する常設の専門部署がない。アメリカ応接掛の人事、それも首席人事が最重要になる。

二月十二日、江戸城の芙蓉之間《ふようのま》（大目付、町奉行らの詰める間）において、阿部から、林大学頭、町奉行・井戸対馬守、目付・鵜殿、儒者・松崎満太郎の四名に羽織が渡された。浦賀出張りに伴う拝領物である。林に四、井戸に三、鵜殿に二、松崎に一とその羽織の数に差があり、それが序列を示す。ここでアメリカ応接掛が正式に任命され、筆頭（首席）は林大学頭となった。

林復斎　恩田栄次郎著『開国小史』より

この林大学頭とは、林羅山から数えて林家の第十一代林復斎《はやしふくさい》（韑《あきら》　一八〇一年生まれ）である。林述斎《じゅつさい》（一七六八～一八四一年）の第六子で、昌平校（昌平黌《しょうへいこう》、昌平坂学問所）の総教（塾頭）を兼ねる。甥の林大学頭壮軒《そうけん》（健）が半年ほど前に逝去、家督を継いだばかりであった。

これまで朝鮮通信使などの応接には歴代の林大学頭があたり、一八四四年のオランダ国王の親書への返書を漢文で書いたのも林大学頭である。また寛政の改革により、一七九七年、幕府直轄の学問所となった昌平黌を取りしきる役割も与えられていた。

アメリカ応接掛の人脈をよく見ると、井戸石見守、伊澤、それに浦賀奉行から長崎奉行に転じた水野忠徳も昌平黌の出身者であり、いずれも大学頭の薫陶を受けている。翌十三日付けの老中通達は、「明後日早朝、一同出立すること」と簡潔である。十六日夜、林、井戸、鵜殿、松崎の四名が浦賀に着いた。

浦賀応接所をめぐって

一方、浦賀奉行所はペリー艦隊再来後の二月十三日から折衝を始めていた。浦賀奉行所側は主に新任の組頭・黒川嘉兵衛、ペリー側は主にアダムス中佐である。問題は応接の場所である。第一回の十三日には、まだ林など正規の応接掛が浦賀に着いておらず、挨拶程度で終えた。

十七日朝、浦賀奉行所の役宅で、前日到着した林ら一行に浦賀奉行・戸田氏栄を交え、五人で対応を協議した。その結果、黒川から艦隊に次のことを伝えることにした。応接掛が浦賀に到着したこと、浦賀の館浦《やかたうら》に応接所を建てたことである。これにペリーの病気見舞いを添えた。艦内では「アダムス」が対応、この提案を承服しなかった。なおペリーは体調が悪いのか顔を見せず、アダムスからの回答である」と林の「墨夷応接録《ぼくいおうせつろく》」にある。なお、墨夷の「墨」は「亜墨利加《アメリカ》」の省略形で、アメリカは他に「亜米利加」「亜美理駕」（ペリー側の漢文表記）「弥利堅国《メリケンこく》」などと書かれている。

日米双方の記録

この「墨夷応接録」は、林一人の記録というより、多数の部下に記録させ、まとめた公的記録に近い。ほとんど毎日の記録で、日米間の会話や激しい応酬についても記されている。以下、これを林メモと略記する。

これに対応するペリー側の資料は、海軍長官への公的報告（米国議会文書　上院七五一－三四所収）に詳しい。第二回来日の最初が三月二十日と二十三日付けを合わせた報告第42号で、新しく旗艦としたポーハタン号上で書かれているが、それに交渉経緯を記すノートが添付されており、第43号（四月一日）、第50号（五月三十日）、第52

号（六月十八日）に続く。これを本書ではペリー・ノートと略称する。

報告第42号にあるペリー・ノートの記述は、レキシントン・バンダリア・マケドニアの三隻の帆走軍艦、サスケハナ・ポーハタン・ミシシッピーの三隻の蒸気軍艦の計六隻（もう一隻サザンプトン号は先着）が二月十三日午後二時に浦賀沖に到着したとの記述から始まり、応接掛との往復文書などを収録、全二七ページである。なお公的記録『ペリー艦隊日本遠征記』（牧師で歴史家のホークスが編纂）は読み応えのある作品ではあるが、やはり後の編纂物の持つ制約から逃れられない。そのため資料的価値の高い一次史料（上掲の米国議会文書等）を使う必要がある。

林メモとペリー・ノートなど双方の記録を対応させ、現存する交換文書などを使って、以下に交渉過程での応酬をみていこう。

三回目の応接は翌十八日、黒川を艦隊へ派遣、「艦隊が江戸へ行くことは我が国法に違反する。それ故に、応接役が浦賀まで貴方を出迎えたのであり、決して貴方を粗略に扱うものではない」と伝えさせた。アダムスは病気見舞いの新鮮な牡蠣や鶏卵などに謝辞は述べたが、応接所に関しては何としても江戸で行なうと繰り返す。

翌日また黒川を派遣、江戸での応接は国法に反する、と前日同様の主張をさせた。ついにアダムスが譲歩し、館浦の応接所を検分することとなった。

祝砲と蒸気船への招待

ペリー側は硬軟まじえての攻勢に転じた。第一が祝砲を打つ件、第二が蒸気船への招待である。祝砲に関して林は、二月二十二日のワシントン誕生日に各艦船が十六、七発ずつ祝砲を打つとの申し入れがあったので、浦々に触れを出したいと二十日付けの上申で述べている。

第二の蒸気船への招待は、二十日付けの応接掛への手紙（漢文とオランダ語）にある。浦賀を拒否、江戸に乗り込むと述べ、「欧米では、元首の使節は首都でもてなすのが常識である。……貴国でそれができないのなら、江戸近くまで乗り入れる蒸気船に来訪され、仕掛けを見学されるよう」とあった。招待というより脅しに近い内容である。

応接所の見聞に限定したアダムス一行の浦賀上陸は二十一日の予定だったが、風雨が強く延期、翌二十二日午前となった。一行は十四名、応対は伊澤、鵜殿、松崎の三名である。

まずは名刺を交換した。そのとき伊澤の扇子をたたむパチンという音に、アダムス一行は一瞬、腰のピストルに手をかけた。伊澤がおもむろに眼鏡を取出して悠然と名刺を眺めたので、アダムス一行も安堵したようである、と林メモは言う。

アダムスが漢文の書簡を出したが、応接掛はとりあわず、使節全権が上陸してから応接掛筆頭の林が正式に面談すると伝えた。応接は十時から二時頃まで、茶菓と酒とクネンボ（九年母、柑橘類）を出した。この日はワシントンの誕生日として、通告どおり祝砲が鳴り響いた。祝砲とはいえ、轟音は腹に響いた。

翌二十三日、黒川を艦隊に派遣してアダムスと協議させた。アダムスは館浦の応接所は狭すぎると納得せず、黒川は代わりに前年の久里浜を挙げたが、アダムスはこれも地勢が良くないとし、「いずれは江戸へ行く。だが金沢または金川（神奈川）あたりは良い場所と見受ける。そのあたりならば宜しくはないか」と答えた。

帰りがけにアダムスは、香山栄左衛門宛の「横文字（オランダ語）の書状」を渡した。香山は前年の応接に当たった浦賀奉行所の与力である。内容は前年の経緯を述べたうえで、応接所の件で合意が得られないと苦情を伝え、あたかも香山に出てくるよう要請する内容である。

応接場を横浜とすることで決着

アダムスの言葉どおり、ペリー艦隊の七隻は大師河原から羽田沖まで深く進入した。ペリー・ノートには「脅しを実行に移す」と書かれている。

二十三日、武蔵下総代官が品川宿から杉田村までの海岸付きの村々にたいして、改めて異国船見物の舟出を禁じる通達を出した。庶民の黒船見物は一向に衰えず、好奇心満々の様子である。祝砲の触れで、合戦にはなるまいと踏んだこともあろう。

二十三日、林ほか計六名の名前で、応接所については臨機応変に対処したいと老中へ上申。翌二十四日にも応接掛は同様の趣旨を上申、「私どもに任されたい」と述べている。

二十四日、黒川とアダムスの対話。従来どおり黒川は浦賀を主張、アダムスは「それならば話し合いを止めざるを得ない。われわれは江戸へ乗り込み、談判する」と答えた。

緊張のつづく応酬とは別に、この日、ペリーの病気見舞いとして、浦賀奉行からの贈呈品目録を渡した。大根八〇〇本、人参一五〇〇本、蜜柑一〇箱、鶏五〇羽、鶏卵一〇〇〇個などとある。

翌二十五日、林に江戸から急飛脚が届いた。「異船がおいおい江戸に乗り入れては失体になるので、金川駅（神奈川宿）にて応接して宜しい」との書状である。林は即決し、神奈川応接を老中へ上申した。ここに横浜応接が決まった。

場所の名前は「神奈川」ではなく、「横浜表」の表現が多い。林メモでは「横浜」で通している。神奈川は東海道の宿場を指し、横浜表とは横浜村の海に面した場所を意味した（現在の横浜市関内地区）。横浜村は戸数わずか九十ほどの村で、宿場の神奈川とは違い、これといった大きな建物があるわけではない。応接掛は神奈川宿の本陣を浦賀奉行所仮役所と決めた。神奈川宿本陣から横浜（村）まで海路では約一里（四キロ）、陸路では約二里（八キロ）である。

アダムスからの香山宛書状を受けて、応接掛は香山を交渉陣に加えた。二十七日、香山を艦隊に派遣、「横浜案」を提示させ、アダムスの快諾を得た。検分の日を三月一日頃にすることまで話を詰めた。ペリー・ノートは、この十日間の役人の対応を「手のひらを返すように変更した、この人達の詐欺的な行為」と記している。

機は熟しており、合意は一挙に進むように見えた。だが応接所の普請に手間取り、三月一日には完成せず検分は延期、日程も決まらなかった。三月四日、上海から帆船サラトガ号が到着、ここにペリー艦隊は計八隻になった。

応接掛が老中に相談

三月一日、サスケハナ号艦長のブキャナンが香山ら日本人十名を招待、アメリカ側六名と一つのテーブルを囲んで食事を取った。艦上の日米間の会食はこれが初めてである。前月二十三日の香山への手紙に応接掛が対応したことから、ブキャナン艦長が半公的・半私的に企画したものであろう。

この日、江戸から応接掛へ書簡が届いた。四名のうち二名を決め登城せよ、馬のままで良い、とある。これを受けて、林と井戸が二日未明に出発、江戸城の御用部屋に登った。同日、大小目付にたいする老中通達があり、陸海からの黒船見物が止まないことを指摘、艦隊への接近を改めて禁止した。

三日にも林と井戸が登城、水戸の徳川斉昭や溜之間詰めの面々と話したと林メモにあるが、内容については記載がない。七日の応接掛宛の老中通達には「申し含めたとおり」応対するようとの指示である。おそらく三日に老中から林へ、アメリカ応接にかかわる重要な指示が与えられたものと思われる。

軍艦増派の発言

応接掛は四日未明に江戸を出発、午前中に神奈川宿本陣へ戻った。三月五日、艦隊を訪れた黒川と森山にペリーは苛立っており、このとき、黒川に口頭で次のことを伝えたという。「条約の締結が受け入れられない場合、戦争になるかもしれない。当方は近海に五十隻の軍艦を待機させており、カリフォルニアにはさらに五十隻ある。これら百隻は二十日間で到着する」と。

確かにペリーの発言として、林メモなど幕府側の記録にあり、通詞は第一級の森山栄之助である。聞き違えたとは考えられず、ニュアンスの差はあれ、発言は確かであろう。しかし、ペリー・ノートほかペリー側の公的文書や報告類、それにペリー個人日記にも、いっさい記されていない。

アメリカ海軍全体を合わせても、艦船は百隻に達しない。期待したほどに事態が進展せず、焦ったペリーの「大法螺」か「脅し」の類であろう。林メモでは、この発言に動じた様子はまったくない。

4 横浜村への招待

横浜応接所は一週間遅れの三月六日に完成した。横浜応接を決めた二月二十五日から、わずか十日後である。前年の久里浜応接で使った木造平屋（八畳と十二畳の玄関の間、それに十五畳と二十一畳の饗応所）を移築し、その奥に八畳間の内座（密室）をつけ、さらに賄い所（調理場）や控室を増築した、計百畳の建物である。早朝に林ら応接掛が下見をして引き上げた後、午後にアダムスら三十人が検分のために上陸した。

三月七日、黒川と森山が艦隊を訪れ、翌八日の上陸の人数などを申し合わせた。ペリーからは将軍と林の紋所を見せて欲しいと要請があった。将軍の紋所については拒否、林の家紋は、羽織に付いているのを通詞の堀が示すと約束した。

ペリー側から、この応接のために祝砲を打ちたいと提案があり、すぐに浦賀奉行所の浦触が出された。八隻の艦船がいっせいに五十発ほど打つが、「空砲だから少しも心配する必要がない」とある。老中から大小目付と町奉行への通達では「数発」、「動揺してはいけない」とあった。同じ日、相撲年寄りから町奉行へ内密に「相撲取差出」の上申があり、五十人の力士名を挙げた後、米俵二俵（計百二十キロ）を抱える怪力の者であると述べている。

初の横浜応接

いよいよ三月八日、横浜応接の日を迎えた。与力の香山、中島、それに通詞の堀らが艦隊まで迎えに行き、昼前に（ペリー・ノートでは午前十一時半）、ペリー一行が横浜村に上陸した。アメリカ側の記録には約五百人とあるが、日本側の記録はペリー、アダムス……と実名をあげ、最後に総数四四六人と結ぶ。それぞれの士官がどの船に乗っているかまで詳細に記載している。

ペリーにとっては、前年の夏に大統領国書を渡した久里浜についで二度目の、八ヵ月ぶりの日本上陸である。アメリカ側はここを条約館と呼んだ。大広間（三十六畳）に通されたのは約三十名、そこには林、井戸、伊澤、鵜殿、松崎の五名の応接掛が着席していた。応接掛筆頭の林がペリーと対面したのは、これが最初である。多勢の従者や番の与力・同心などの侍、通訳なども正座して侍していた。

双方が着席し、林とペリーが挨拶を交わすと、ペリーが「本日の祝いとして日本『皇帝』（徳川将軍）に二十一発、応接掛に十八発、それに初めての上陸を祝してさらに十八発の祝砲を打ちたい」と述べ、祝砲が鳴り響いた。二十一発は最高の栄誉を示す祝砲数である。五十七発の轟音を、応接掛は黙して聞いていた。

今後の交渉は書面で確認したいとペリー側から提案があり、さっそくペリーが林宛の書簡を渡した。書簡は一週間前の日付になっていた。「昨年の来日から考慮のすえ、いよいよ我が方との条約締結のときが来た」という趣旨である。この一週間、ペリーは草案を渡す機会を待っていた。ペリーの記録には、この日が待ち切れず、業を煮やす様子が生々しく描かれている。

ペリー横浜上陸図　1854年3月8日、ペリーにとって2度目の日本上陸

書簡は漢文とオランダ語で書かれていた。漢文版では「亜美理駕合衆国特命欽差大臣専到日本国兼管本国師船現泊日本海提督」彼理《ペリー》と、ペリーの役職名の漢字三十一文字が並ぶ。

漢文版には「和約通商一事」を結びたいとあり、オランダ語版の訳では「和親取結び」たいとある。漢文版は通商を含んでいるが、オランダ語版は和親だけである。両者の相違からすると、条約内容を和親にとどめるか、通商を含むのかは、ペリー側ではまだ曖昧である。

この交渉はきわめて重要であった。ペリー側が会談の中断を求め、幕で仕切られた別室で確認文書を作成するなど、相当の時間を要した。漢文とオランダ語の文書で確認したものは、その和訳と英訳が残っている。林メモとペリー・ノートを使い、文書をもとにして、双方全権の応酬を「対話風」に再現してみる。

艦隊員の埋葬

大学頭は言う。

「昨年夏の貴国大統領書簡で要望されたもののうち、薪水食料と石炭の供与は差し支えない。また漂流民救助の件も我が国法にあるとおりである。以上の二条は了承するが、交易（貿易）等の件は承諾しかねる」

ペリーはこれに答えず、別件を切り出した。

「我がミシシッピー号の乗組員が一人、病死した。海軍の慣例では、その地で当方の自由に埋葬するが、貴国には厳しい国法があるようなので伺いたい。地形などから考えて夏島〔加藤注　ペリー艦隊は国務長官の名を取りウェブスター島と命名していた〕をと思うが、ご承諾願いたい」

応接掛は相談のため別室へ行き、やがて戻って来ると、林が言った。

「はるばる来られたうえの病死、不憫に思う。軽輩とはいえ人命に軽重はない。日本では寺に葬るのが常であり、いずれの国の人であっても（夏島のような）無人の地に葬るのは不憫である。浦賀の灯明台の下はいかがか」

ペリー「ここから浦賀に送るのは不都合で手間取る。今回の協議により、どこかの港にアメリカ人の滞在が可能となるはず、そのつど浦賀まで行くのは大変である」
林「浦賀には外国船は入れないので、墓参が必要になれば、そのときに改葬されてはどうか」
ペリー「ありがたいご配慮、都合により改葬するのも良い。なにとぞお願いする」

林大学頭とペリーの応酬

ここでペリーは話題を変えた。

「我が国は以前から人命尊重を第一として政策を進めてきた。自国民はもとより国交のない国の漂流民でも救助し手厚く扱ってきた。しかしながら貴国は人命を尊重せず、日本近海の難破船も救助せず、海岸近くに寄れば発砲し、また日本へ漂着した外国人を罪人同様に扱い、投獄する。日本国人民を我が国人民が救助して送還しようにも受け取らない。自国人民をも見捨てるようにみえる。いかにも道義に反する行為である」

ペリーはつづける。

「我が国のカリフォルニアは、太平洋をはさんで日本国と相対している。これから往来する船はいっそう増えるはずであり、貴国の国政が今のままでは困る。多くの人命にかかわることであり、放置できない。国政を改めないならば国力を尽くして戦争に及び、雌雄を決する準備がある。我が国は隣国のメキシコと戦争をし、国都まで攻め取った。事と次第によっては貴国も同じようなことになりかねない」

今度は林が反論の口火を切った。

「戦争もあり得るかもしれぬ。しかし、貴官の言うことは事実に反することが多い。伝聞の誤りにより、そのように思いこんでおられるようである。我が国は外国との交渉がないため、外国側で我が国の政治に疎いのはやむをえないが、我が国の政治は決して反道義的なものではない。我が国の人命尊重には世界に誇るべきものがある。

この三百年にわたって太平の時代がつづいたのも、人命尊重のためである。第二に、大洋で外国船の救助ができなかったのは、大船の建造を禁止してきたためである。第三に、他国の船が我が国近辺で難破した場合、必要な薪水食料に十分の手当をしてきた。他国の船を救助しないというのは事実に反し、漂着民を罪人同様に扱うというのも誤りである。漂着民は手厚く保護し、長崎に護送、オランダカピタンを通じて送還している。

貴国民の場合も、すでに措置を講じて送還ずみである。不善の者が国法を犯した場合はしばらく拘留し、送還後にその国で処置させるようにしている。貴官が我が国の現状を良く考えれば疑念も氷解する。積年の遺恨もなく、戦争に及ぶ理由はない。とくと考えられたい」

ペリーが難破船を救助せず、海岸近くに寄れば発砲する等々と言うのは、一八二五年公布の強硬な文政令（無二念打払令）下のことである。これに対して林大学頭は、すでに一八四二年に穏健な天保薪水令に切り替えており、アメリカ人漂着民も救助してオランダ船で送還していると反論した。

しばらく考えてペリーが答えた。

「薪水食料と他国船の救助をなされるとのこと、よく分かった。我が国の船が貴国海浜に至り、薪水を得られず困ったことがあったが、国政を現在のように改めたとのこと、今後も薪水食料石炭の供与と難破船救助を堅持されるならば結構である」

ペリーは自説を取り下げた。林の冷静な反論によって、ペリーによる「戦争」の脅しは通用しなかった。

通商の可否をめぐって

つづけてペリーが言う。

「では、交易の件は、なぜ承知されないのか。そもそも交易とは有無を通じ、大いに利益のあること、最近はどの国も交易が盛んである。それにより諸国が富強になっている。貴国も交易を開けば国益にかなう。ぜひともそうされたい」

林が反論に転じた。

「交易が有無を通じ国益にかなうと言われたが、日本国においては自国の産物で十分に足りており、外国の品がなくても少しも事欠かない。したがって交易を開くことはできない。先に貴官は、第一に人命の尊重と船の救助と申された。それが実現すれば貴官の目的は達成されるはずである。交易は人命と関係ないではないか」

林の反論にペリーはしばらく沈黙、別室で考えた末に答えた。

「もっともである。訪日の目的は申したとおり、人命尊重と難破船救助が最重要である。交易は国益にかなうが、確かに人命とは関係がない。交易の件は強いて主張しない」

林の反論に、ペリーは「通商」要求も取り下げた。

条約内容の焦点

なぜペリーは通商要求を取り下げたのか。その原因はペリー自身の混乱にあったと言うべきであろう。

ペリーが得た政府指示は、前章（一四三ページ）で述べたとおり三つあった。幕府が受理したのは、Ｂ「アメリカ大統領からの日本国皇帝あて国書」だけである。これは条約締結の目的に関して必ずしも明快ではない。七項目を挙げ、最後に「ペリー派遣の目的は、親睦、通商、石炭等の補給、アメリカ人漂流民保護の四つにある」と締めくくり、通商が二番目に来ている。応接掛はこれを基本に妥協の限界を考えていた。

そこにペリーが順序を変えて、論旨明瞭なＡ「コンラッド国務副長官からケネディ海軍長官あて書簡」に依拠し、その順番通りに主張してきた。すなわち①漂流民と難破船の救助・保護、②避難港と石炭補給所の確保、③通商の三点であり、通商は最後である。

このペリーの主張にたいして、応接掛はＢをベースに検討してきた結果、①の漂流民と難破船の救助・保護については実行ずみであると反論した。②の石炭供給は承諾するものの、避難港をどうするか、どの港にするかが、これからの大きな交渉題目と考えた。そして最後の③通商は拒否する、これが応接掛の方針であった。

ペリーはこの会談において③通商の主張を撤回することに同意した。残るは②の避難港の数と場所、そこでの諸権利だけとなる。この日の対話が終わり、ペリーが懐から冊子を出しかけては納め、躊躇する仕草を三回ほど繰り返した後、おもむろに取りだして言った。「これは清国とアメリカ合衆国との交易（通商）を定めた条約書である。交易は、このように公平なものであることを示すために持参した。先刻のとおり、交易の件は主張しないため不要であろうが、せっかく持参したのでご覧いただきたい」。

林は「先ほど申したとおり、交易の件は承諾できないが、条約書をご覧との申し出、断る理由はないので拝読する」と受けとった。

幕府は昼食に三百人前の献立を用意した。林は退席し、井戸、伊澤、鵜殿、松崎がともに会食した。めいめいの膳には、酒と吸い物と肴（松葉スルメ、長芋、サザエ、車海老、白魚……と五十種類ほど）併せて二汁五菜。それからが本膳で、一の膳、二の膳とつづき、全てを合わせて百種類をゆうに越えた。最後が菓子で、海老糖などの名がある。相当の量で、それに酒が入れば、しばし頭は働かないはずである。もっともペリー側には物足りなかったという記述もある。

この正餐は幕府御用達の料理屋百川《ももかわ》が請け負った。百川は江戸日本橋浮世小路にあり、この二ヵ月後の五月に、江戸でテーブル料理を初めて出した。記録は各種異なり、浦賀宮ノ下の岩井屋（百川で修業した後に開業）が請けたとする説もある。地の利から見て、百川から岩井屋へと回されたとも考えられる。

遅い昼食の後、中座していた林が戻り、別れの挨拶を交わした。ペリー一行は三時頃、艦隊へ引き上げた。

5　アメリカ条約草案の点検

内容とタイトルの不一致

アメリカ条約草案もやはり漢文で書かれており、オランダ語の訳文がついていた。この漢文版は、「誠実永遠友睦之条約及太平和好貿易之章程」の締結が目的とある。漢文の和訳では「誠実を以て永遠に友睦せんとする所之約条、及び太平にして和好交易せんとする所の章程」であり、英文ではTreaty of Peace, Amity and Commerce である。平和・親睦・通商の三つを含む包括的な条約案であり、望厦条約（一八四四年の米清条約）の踏襲である。国名の漢訳を「大清国」から「日本国」へ、「大合衆国」から「合衆国」に変える程度の変更である。

幕府はただちにアメリカ条約草案の検討を始めた。参考としてペリーが渡した望厦条約漢文版との比較検討を行った。一字一句、漏らさず点検する。さして時間はかからなかった。望厦条約の三十四条にたいし、アメリカ草案は不要な部分を削除した二十四条である。望厦条約の縮小版がアメリカ草案であるとの結論はすぐに出た。応接掛の文書処理技術と論理の運びは明快であり、また迅速であった。

ペリーは、通商（交易）の件は主張しないと、応接の場で発言したばかりである。この草案は応接前に準備したものだが、既に「通商」と「開港」に関する部分は削除してあった。三十四条を二十四条に縮小した論理は、「通商」と「開港」にともなう税則、関税率、港の使用にかんする部分を削除した結果であることが、すぐに判明した。

ところが、削除したにもかかわらず、タイトルには「通商」が残っている。タイトルと内容が一致しない。これは致命的な欠陥である。本文の削除内容から判断すれば、タイトルが誤りで本文が正解にちがいない。明らかな記録を残していないが、点検の跡を見るかぎり、応接掛はアメリカ草案の矛盾を、タイトルと内容の不一致に見出した。

米清望厦条約はアメリカがアジア諸国と締結した最新の条約である。それに依拠することで、ペリーは自らの条約草案に正統性を与えようと考えた。ペリーを任命した政府が、この条約をペリーに持たせたことから見ると、これはアメリカ政府の方針であった。

望厦条約とは何か。イギリスが清朝と結んだ南京条約（一八四二年）と翌年の追加条約の二つの先行条約にたいして、アメリカが最恵国待遇（条項）を主張して清朝と締結した条約である。アメリカ全権は法律家カシング、優れた条約との評判を得ている。すくなくとも列強側の国際法という観点からみると、アメリカはアヘン戦争に参戦せず、イギリスが結んだ南京条約を継承し、最恵国待遇（条項）を確立した実績がある。

条約の締結権は大統領にあるが、議会の批准を得て両国間で批准書を交換してはじめて発効する。上院の批准を考えれば、行政府としては著名な先行条約を根拠として条約作成をするのが合理的な選択である。

アメリカ草案の不明な点

アメリカ条約草案で不明な点は、望厦条約で「五港」とあるのを、「其港」として残している点である。どの港を開くかは、まさにこれからの交渉事項であり、「其港」があるのはおかしい。「通商」の取決めがあって初めて「開港」であり「其港」

が出てくるはずである。取決めがないにもかかわらず、「其港」が残っている。応接掛は草案の矛盾をここにも見いだした。

もう一つ、当時の国際関係のなかで、きわめて大きい課題の一つが密貿易（密輸）に関する条項である。アメリカ草案の第三条「居留・貿易の権利」の第二項「密貿易の禁止」に書かれている「密貿易」とは、アヘン密貿易を意味する。

アメリカはアヘン禁輸を中国にたいして主張、イギリスとは反対の立場をとり、アヘン禁輸条項を望厦条約に盛り込んだ。それを削除せず、草案には残した。アヘン禁輸は当時のアメリカの外交政策であったが、それに違反するアメリカ人貿易商も多かった。ペリー個人はアヘン貿易禁止に強い信念を持っていた。

アメリカ条約草案の点検が終わった。草案の構造が判明し、矛盾や弱点も分かった。しかし、応接掛は草案に直接には答えないという態度を取り、幕府独自の草案作成に取りかかった。

第六章　日米交渉

三月八日の横浜応接で一つの山場を越えた。アメリカ条約草案の論点の整理もできた。最大の争点である貿易の件はペリーが取り下げ、姿を消した。交渉の焦点は通商条約ではなくなり、①薪水・食料・石炭の供与、②難破船修理のための避難港の開港、③これら二つに関連する諸問題、の三点に絞られそうである。

しかし、油断はできない。

対話の最中に中座して書かせたオランダ語文を、ペリーが応接掛に渡した。それは通商に言及せず、両国が「懇切の儀に至」ったことは大慶と述べ、それをもって戦争を防ぎ、両国の安寧を図り、西域諸国との「和親」の範となるとしたうえで、①食料・薪水の供給（代金は支払うと付言）、②乗組員の上陸などを主張する内容であった。

ペリーは主張を大幅に後退させた印象を受ける。

翌九日、応接掛が書簡をペリーに渡した。それには、①石炭・薪水・食料の供給と

②難破船と漂流民の救助は承諾するが、③避難港の開港に関しては五年間の猶予期間を置く、それまでの間は長崎を充てる、とある。

三月十日、艦隊へ派遣した通詞を通じて、ペリー側からアメリカ国の土産を献上したいと提案があり、陸揚げは十三日ではどうかと言う。翌十一日、応接掛へ書簡が来た。「日本側が外国にたいする旧来の態度を変え、合衆国とも新たな関係を持つ用意があるのは大変に喜ばしい」と前置きし、しかし、とつづける。

「過日、受理した応接掛の方針は承服できない。漂流民の救助や欠乏品の供与は結構であるが、本来の趣旨が理解されていないようである」としたうえで、開港と条約締結の必要性を強調し、それも来年や五年先ではなく、たった今、この場で条約を結びたいとの主張である。

1　土産の交換

農具と種子

この二日後の十三日、ペリーから書簡が来た。大統領の命により運んできた土産の品々をここで贈呈したい。「最近は情勢が急速に変わり、発明が続々と生まれている。アメリカの学士と職人が作製した最先端の産物を贈り、その使用法について伝授したい」とある。

同封の献上品目録も漢文で書かれ、最初に「君主」に献上する品として、「小火輪車格式、連碟炭架連路全副」とあり、和訳では「雛形　蒸気車　壱揃」となっている。SLの四分の一のモデルである。これを皮切りに献上品は全部で一四〇にのぼった。「君主」に三八品、「皇后」に三品、続いて林に一二品、その次に阿部に一二品とある。アメリカ側の判断では林のほうが格上、老中が格下という序列意識だったのか、それとも単純ミスか。

つづけて六枚刃の犂《すき》（表土を掘起こす農具）や牛馬牽引の犂先など、農具の献上品は五五品が一覧され、蔬菜の種子は四八品が一覧されている。アメリカは現在でもそうだが、当時も農業の先進国であった。その最先端の農具と種子（いまの言葉ではバイオ・テクノロジー）である。幕府の役人には農具や種子の判別が付かなかったらしく、その鑑定は、洋学者で韮山代官の江川英龍に任せた。

アメリカ側は、贈呈には返礼が当然と考えたのか、所望する品の目録も応接掛に渡した。大統領執務室の、広さ五〇フィート×四〇フィートほどに置く漆塗りの箪笥やテーブルなどを挙げ、さらに植物や種子類、二七フィートの和船を一隻、軍艦の雛

贈答品の米俵を担ぐ力士　座って手を合わせるようなペリーとアダムスが左上に小さく描かれている

形、それに諸品の見本（加工していない種子など）などと記している。長い期間の鎖国により雑種交配が少なく、植物学の観点からも貴重なものがあると、植物愛好家のペリーは考えていた。

土産の陸揚げの指揮をとったのはアボットとリーの二人で、ペリーもアダムスも姿を見せなかった。これを見た林は、八日の応接のようにペリーとアダムスが来るときはアボットとリーが艦隊に残るところから、アボットはペリーと同じ位階で、もしペリーらを我が方が「討ち取った」場合には、アボットが代わりに指揮を執る体制になっているのではないか、と林メモに記している。なかなかの観察眼で、アメリカ側資料ではペリーの代理をアボットとしている。

アメリカからの土産を受け、幕府からもアメリカへ贈り物が渡された。贈呈には贈呈で応える。コメや酒などの品々である。贈呈品を取りに来いというわけにはいかない。こちらから艦隊まで届ける。その贈り方を応接掛は考えた。

搬入には力士を当てることにした。一俵が六〇キロ、その俵を片手で二つ肩にかつぎ、もう二俵を小脇に抱え、合計で二四〇キロを一人で担ぐという途方もない力持ちの瓦版が残っている。これは誇張のようで、文書では「二俵を担ぐ力持ち」とある。力持ちをアメリカ側に見せ付けようという目論見である。アメリカ艦隊にも元気で屈強な水兵らがおり、巨体を見せつけられて、ひとつ勝負をしようではないかとの声もあったが、力士の怪力ぶりに皆がシュンとなった。

2　幕府の条約草案

日米双方の思惑

三月十五日、応接掛は条約草案を作りあげ、書簡をつけてペリーに送った。全部でわずか七ヵ条の漢文。タイトルはただ「条約」である。内容はすでにアメリカ側に口頭で伝えてあり、三月十一日のペリー書簡で、それでは済まないと釘をさされていたものである。

しかし応接掛は同じ論点を繰り返した。

①来年正月より長崎にて欠乏品を渡す。五年後には別に一港を開いて貴国の船が入れるようにする。
②貴国の漂着民は、わが国のどこに漂着しようとも長崎に送る。
③漂着民は海賊と区別しがたいため、みだりに徘徊しないこと。
④長崎には唐・蘭の二国が駐在しており、港内にみだりに上陸してはならない。
⑤開港した後、いかなる物を与えるかなど細目は追って協議する〔加藤注　この項はペリーに渡した漢文版にあるが、その和訳版からは脱落している〕。
⑥琉球は遠地であり、いまここで談判するわけにはいかない。
⑦松前は遠地である上に、松前家の所領であるため、いま談判するわけにはいかず、来春に長崎に来るオランダ船に返事を渡す。

まるで木で鼻をくくったような草案である。七条になってはいるが、実質的には従来どおりすべて長崎において、それも旧来のやり方という内容である。いかにも幕府の延命策のように読める。だが応接掛としては、前年に受け取った大統領国書の内容と、今回のアメリカ条約草案とがつながらない。希望の商品があるという主張と、そのために港を新たに開くという主張との、いずれに強調点があるのか不明である。

これを受理したペリー側も、これには返事をしないという態度を取った。返答もせず、異論があるとも答えなかった。しかし、ペリーは自分の日記に「オランダ並みに譲歩をする位なら、むしろ条約など無いほうが良い」と書いている。ペリーにはオランダ並みの扱いを受けることが何よりも忍び難かった。

三月十五日に幕府が条約草案を渡した日の前後から、日本側の緊張が再度高まった。アメリカ人が勝手に上陸して徘徊して困るといった報告が、しきりと奉行あてに出されるようになる。十四日、朝の五時頃からアメリカ人二十人ほどが横浜に上陸し、献上品の組み立てを開始したとの報告があり、また神奈川宿から川崎宿までやってきたとの報告もあった。

神奈川宿ではアメリカ人が蕎麦屋や米屋、呉服屋などに入りこんだらしい。慌てて戸を閉め路地には縄を張る。しかし、その一方で、異人を一目見ようと大勢の見物人が集まり混乱した、と報じている。

十七日、横浜村の浜辺に百人ほどのアメリカ人が上陸した。献上品の蒸気機関車を組み立てるためであった。「異国大工五人」がその作業にかかっていると、関東取締役は報告している。ペリー側では、すでに八日に正規の上陸と会談を済ませており、仮設の建物には自分達の控室もあるから上陸しても差し支えない、それに勝手に歩き回るのとは違い、献上品の組み立てであり、そのことは献上品の目録を渡したときに言及したとの考えであろう。

アメリカ人が子安《こやす》の村に入りこみ、役人が多勢で取り囲んだが、百文銭をくれと言って持ち帰ったと、百姓が代官に報告している。警備の諸藩もふたたび緊張を高める。道に迷った異人を四人、小舟で送り返した、あるいは、茶や煙草を求めてきた、しかし支払いの金がないので服のボタンを二つ置いていったとの報告もある。和服にはボタンを使わないから日本人にはひどく珍しかった。アメリカ人のほうは、紐や帯を珍しがった。

アメリカ人が茶や煙草を強要したというより、茶や煙草を日本人が勧め、お礼として珍しいボタンを置いていったともいえる。コインの交換を求めた大男のアメリカ兵もいた。長い艦隊勤務の乗組員にはとても楽しい機会であり、対する庶民のなかには、さほど恐れも偏見もなく、大らかに付き合う者もいたらしい。そのことを憂慮した村役人の代官への報告も残っている。

沖合の黒船も、ときに一隻、二隻と姿を消して、どこかへ行く。猿島の魚問屋の報告、警備の松平家に入る伝令などでは、急の事態を伝えている。三月二十日には伊勢神宮ほか諸国大社へ、人情不安をおさめ神助のあらんことを、外夷が服することを、国家安全の実現をと祈禱を行うよう教書が出された。祈禱の指示はこれが最初ではなく、ペリーの第一回の来航直後にも出され、これまで数回を数えている。

江戸でも再度、火の元に気を付けるよう町奉行の通達が出た。応接の祝砲から約一週間、気を引き締めなければと判断したのであろう。

3　避難港をめぐる交渉

三月十七日、林とペリーとの対話が十日ぶりに再開された。予定は前日だったが、強い風雨のため一日延期となっていた。神奈川宿の仮奉行所から横浜村の応接所まで陸路で約二里（八キロ）、海路では約一里（四キロ）を半時間で行くことができる。江戸から到着した舟の天神丸をこの日から使うことにした。

正午に上陸したペリー一行は約二百人、前回の対話では失礼があったかもしれないとペリーが口火を切り、献上品の陸揚げが無事に終わったことを伝えると、林が礼を言った。ペリーが本題に入った。

ペリー「薪水、食料、石炭のほかにも欠乏品があるので調達願えないか」

林　「船中で欠乏品があり難渋しておられるよし、揃えられるものはお揃えする」

ペリー「その代金を払いたい。どの国でも支払っており、ぜひとも受領されたい」

林　「船の緊急時の欠乏品のことであり、代金は不要である」
ペリー「代金不要と言われるなら返礼をするのが道理、必ず釣合う返礼をしたい」
林　「返礼ならお断りする理由がない」
ペリー「では、返礼はわが国の物産にするか、あるいは金銀にて渡すべきか」
林　「返礼なら何でも宜しいが、品物では交易になる。貴方の都合で洋金銀になされるなら宜しい」
ペリー「それならば金銀にて返礼としたい」
林　「それで結構である」

林がこだわったのは、「交易」（貿易）は行わないという主張との関連である。これが条約内容の一つの論点である以上、林としては譲歩するわけにはいかなかった。返礼なら断れないとして、結局は物々交換を拒否し、返礼を金銀で受理することで合意した。現代的な感覚からすれば、物々交換より、金銀による決済のほうが「交易」に近い形態と思われるが、ここではこれ以上の踏み込んだ議論にはならなかった。

ペリーが次の論点に話を進めた。
「供与の品物を、どの地で受けとるのが良いか。ここで応接となったから、今後もこの地に参りたいが、そのほかに五、六ヵ所の港を決めていただきたい。さもなければ、どの港でも勝手に船をつけて良いというように願いたい」

　林が答えた。

「薪水などを渡す場所は、かねてから長崎と決めてあり、その地ですべての外国船の応対をしている。長崎に来られれば、いつでもお渡しする。横浜の地は外国船が来るべき場所ではない」

　ペリーが反論する。

「長崎のことは承知しているが、まことに不便な場所である。わが国の船が清国の広東へ行くときは、定海県〔加藤注　揚子江河口のすぐ外にある列島、アヘン戦争時にイギリス軍が占領した〕で何でも調達できるため、長崎より定海県のほうがはるかに便利である。長崎において調達というのはお断りする。ぜひとも日本の東南に五、六ヵ所、北海に二、三ヵ所の港を定めていただきたい。そうすれば、他の港に勝手に入るようなことはしない」

　林が答えた。

「数ヵ所の港を決めることはできない。長崎が不便であれば、ほかに一ヵ所を定めることができる」

ペリー「一ヵ所と言わず、少なくとも三、四ヵ所を定め、そのうちの一つは金川〔神奈川）に願いたい」
林　「金川は承知できないが、いずれ東南の地に都合の良い場所を定める所存である」
ペリー「東南の港とはどこか」
林　「その場所の件は新規であるため、良く調べたうえでないと返答しかねる」
ペリー「お手数をかける。検討に時間を要するのは理解できるが、私は全権であるから私の判断で決めることができる。貴方も同様に全権を付与されている。即答できないと言われるのはおかしい。ぜひとも即答願いたい」
林が反論した。
「無理なことを言われる。昨年の貴方の書簡に地名などあれば当方も考えたが、地名もなく、ただ南方に一港をとあるだけであった。それほどお急ぎなら、なぜ昨年の書簡に認められなかったのか」
ペリー「確かに昨年の書簡には記していない。したがって両三日はお待ちするが、なるべく早くお答え願いたい」
林　「来る二十四日〔加藤注　七日後〕の面会のさいにお答えする」
会談終了は午後四時過ぎであった。

林大学頭の登城

翌十八日の林メモには「長崎のほかに一港を開く件は容易ではない。上申しなければなるまい。明日には林と井戸が江戸へ行くことを相談した」と記されている。十九日早朝の三時に林と井戸は江戸へ出立、江戸ですぐに登城、翌日また登城することにして、夕刻にはそれぞれの屋敷へ帰った。

この日、帆船サプライ号が神奈川に入り、ペリー艦隊は九隻となった。

林メモには「二十日登城、老中のご内意を聞いた。水戸の斉昭殿のお目通りを得た」と簡略に記すだけである。

翌二十一日に二人は神奈川に戻った。すぐにペリーと約束した二十四日の会談の準備をすすめ、艦隊に通詞を派遣した。ペリーからは二十四日の承諾が来た。

二十二日、アメリカ兵一人が神奈川に上陸し、江戸へ行きたいと六郷あたりまで歩いて行った。応接掛がアダムスを通じてペリーに抗議すると、ペリーは立腹、即座に呼び戻すよう指示した。空砲四発を打ったが、これは「集まれ」の合図だという。神奈川まで戻ってきたこのアメリカ兵をペリーの旗艦ポーハタン号まで送りとどけようとすると、「死罪になるかもしれない。ブキャナン艦長の船〔加藤注　サスケハナ号」に戻していただけまいか」と恐れおののくので、与力と通詞がサスケハナ号に連れていった。

箱館と下田の開港を伝える

二十三日、応接掛からペリー宛に短い漢文の「約書」が渡された。箱館（函館）を開港するという内容である。ただし、その日は来年七月（旧暦）以降とある。この約書は林ほか計四名の署名と花押がある正式の外交文書である。

同じ日、浦賀奉行の浦触が出され、蒸気船一隻が明日出帆してアメリカに帰ると述べている。民衆のほうはどう受け取ったのか。何の合意も見ずに帰帆するのか。あるいは何か取り決めがあったのか。実際には帰国ではなく下田訪問のためであった。

二十四日、一週間ぶりの横浜会談となった。ペリー一行は三百人である。双方の贈呈品を応接所に陳列、応接掛は幕府贈呈品目録をペリーに渡した。硯箱、机、書棚、火鉢、絹織物、紙、刀剣、鉄砲、傘、人形、猪口盃などが並ぶ。乗組員には米二百俵（五斗入り）や鶏三百羽などを贈るとある。

会談に入るや、すぐにペリーが質問した。「薪水・石炭などを供与する港は、どこに決められたか」。

林が答えた。「南方とは下田港、北方とは箱館港の二ヵ所である」。避難港の場所を林はさらりと答えた。ここで下田と箱館の二港開港が双方で合意された。

ペリー「箱館港は良港と聞き及ぶが、下田港の様子は知らず、乗組員に検分させたい」

林「もっとものことである。早速に人を派遣なさるが良い」

ペリー「では、すぐに軍艦二隻を下田に派遣したい。上陸し測量もしたいが、いかがか」

林「承知いたした」

その下田では浦賀奉行所組頭の黒川が応対した。黒川から応接掛宛の報告には、帆船バンダリア号が欠乏品として求める物品の筆頭に牛肉を挙げたが、市場では「払底しているので断った」とある。また乗組員が宿陣に立ち入りタバコや茶を求め、代わりにボタン二個を置いていったと書かれている。なお同艦は二十九日に横浜沖に戻ってきた。

林メモはつづけて「幕府からの贈呈品のうち、米二百俵（五斗俵）を運ばせるのに力士七十五人を使い、一人に二俵ずつ担がせた。ペリーらは大いに感服した様子だった。その後に稽古相撲を見せた」とある。

下田と箱館の開港は苦慮した結果の譲歩とはいえ、応接掛は前もって譲歩の限界を、そこに置いていたとも考えられる。この開港の意味は、そこで貿易を自由に行う性格のものではなく、アメリカ人漂流民や物資欠乏のアメリカ船が入港できる場所という、限定つきの内容である。そのかぎりでは長崎の延長という解釈も可能であった。

下田と箱館の開港が決まると、次の協議事項は開港場の範囲と遊歩地の件である。遊歩地とは、狭い開港場の他に、散歩や狩猟などを目的に移動できる区域をさす。アメリカ側としては、オランダ人の居住する長崎の出島が約三千坪ほどの邸宅規模にすぎず、その規模の開港場に閉じ込められては大変と考え、自由に移動できる場所を要求した。応接掛の方は遊歩地をなるべく狭くしたい、民衆との衝突事故を避けたいと考えた。

この頃、京都警護の建言などが頻発している。万一ペリー艦隊が関西に向かう事態になれば備えが必要として、遷幸（天皇の居所を移す）の提案や大坂城代の伺などが老中に出されている。また再度のロシア応接準備も迫っていた。

二十五日、老中の申し合わせがなされた。異船の様子いかんでは応接となることを考え、その際の衣装を狩衣《かりぎぬ》とし、供方は旅装とするなどである。応接場での相撲興行の件も着々と進行する。この提案は三月八日のペリー上陸前からあったもので、それが具体化し、二十六日には相撲年寄惣代から町奉行へ、土俵入りの順番や取り組み表が提出された。東西各十五人、鏡岩、一力、小柳などの名前が見える。

4　ペリーによる応接掛の人物評

林とペリー、双方全権による張りつめた応酬がつづいていたが、一方でペリーは日記に応接掛五人の印象を述べ、アメリカ人の誰に似ているなどと記している。

林大学頭　五十五歳くらい、中背で身だしなみがよく、厳粛でしかも控え目である。高名なレヴァーディ・ジョンソン（アイルランド出身の上院議員で高名な弁護士、後に駐英公使としてジョンソン＝クラレンドン条約の交渉を担当）に似ている。

井戸対馬守　五十歳くらい、背が高く、かなり肥っているが、感じの良い相貌。わがロンドン駐在のブキャナン（のち一八五七〜六一年の第十五代大統領）にどこか似ている。

伊澤美作守政義　自称四十一歳、五人のなかで一番の好男子である。陽気で、冗談や洒落が好き。道楽者との評判。通詞たちによれば、彼は外交交渉については一番自由な考えを持っており、我々にもそうであったが、日本人にも人気があるようだ。彼はわが国の音楽が大好きだと身ぶりで伝えた。軍楽隊の勇ましい曲には、じっとしていられなかった。

鵜殿長鋭民部少輔　五十五歳くらい、背が高く、彫りが深い。背はやや別として、ケイヴ・ジョンソン（一八四五〜四九年、郵政長官）と、外見上は良い勝負だ。

松崎満太郎　地位や称号は不明、六十歳くらい。背が高く痩せており、しかも大変な近視。外見はいかめしく無愛想だが、彼はむしろ、この世の華やかで善なるものを好むようである。これは、この国の高い地位にある人びとに共通して見られる特徴である。誰かとの比較は控えるが〔加藤注　欄外に「彼は美男子にはほど遠いため」と補記〕、よく似た人物が思い浮かぶ。

ペリーはこの大仕事を「遠征記」として残すことを考え、そのために文字や絵画・写真（銀板写真）で記録を取らせる人員を最初から準備していた。動植物、風俗や言語についても記述しており、いわば博物学的な内容を含む「遠征記」の作成意図を明白に持っていた。ペリーが応接掛の人物評を描いたのは、そのためでもあった。

5　ポーハタン号上の招宴

アメリカ側の歓待

三月二十七日、アメリカ側からまた祝砲を打ちたいと連絡が入り、すぐに触が出された。成り行きを注視していた民衆は、事態が持ち直したらしいと、ふたたび安堵に傾く。

この日、応接掛五人のほか総勢で約七十人が、ペリー艦隊に招待を受けていた。黒船の秘密を見聞できる絶好の機会である。記録を取るための絵師や水戸藩の隠密なども含まれていた。ポーハタン号の招宴に関する林メモやペリー・ノートの記述はきわめて簡単である。そこでプレブル大尉が書いた資料によって再現すると、招宴の様子は次のようであった。

まず一行は帆走軍艦マケドニア号に招待された。その時、向かい側に停泊していた汽走軍艦ミシシッピー号が十七発の祝砲を打った。一行はその様子をじっと見物した。それから艦内の見学である。大砲や小銃の実演、上陸の際の戦闘の模擬戦や消火訓練を見た。

次いで汽走軍艦ポーハタン号に移る。すると今度はマケドニア号が十七発の祝砲を打った。双方の意気は上がったが、天候は悪く波も荒かった。一行はポーハタン号の機関室を見学、轟音を上げて回転する蒸気機関に度胆を抜かれ、時のたつのを忘れた。そしてペリー司令長官室での正餐。二十七人しか室内に入れないため、甲板にもテーブルが用意された。

出された酒類はシャンパン、マデイラ・ワイン、シェリー、パンチ、ウィスキーなど。それに酢の入ったケチャップの飲み物が、とくに日本人が気に入ったという。アメリカ側が母国の習慣として食事の残りを持って帰るように勧めると、鳥の丸焼きを一羽分、袖の中に入れた者もいた。

プレブルは、母国を出て以来、これほど屈託なく笑い楽しんだことはなかったと記す。「日本国皇帝のために」、「アメリカ大統領のために」、「日本の淑女のために」と乾杯がつづく。条約締結の成功がこの歓待の成果にかかっているとペリーが乗員一同に言い渡したこともあり、大いに盛り上げた。

バンドが鳴った。ダンスが始まる。士官たちは揃ってステップを踏んだ。扇子に詩や格言などを書いて我もわれもと交換した。プレブルが書いたのは、「通商と農業はアメリカと日本とを結びつける」、「カリフォルニアと日本は隣」などであった。オランダ人からカリフォルニア金鉱発見のことを聞いているはずだから、貿易で日本人も儲けようと考えるにちがいないと彼は考えた。

日本側は英文より漢詩のほうを好んだらしく、とくにウィリアムズが同伴した羅森（三十三歳の広東人）の書を珍重した。日本側が贈った富士山の絵入りの扇子も残っている。

芝居も上演された。応接掛たちも部屋から出てきて見物する。「日本の吟遊詩人」という出し物には笑いころげた。そうこうするうち、松崎がペリーの首に腕をまきつけ、抱擁せんばかりとなった。嫌がるのではないかと気づかうプレブルにペリーは、彼が条約に調印するなら「キスさせても良かった」と答えた。日本側の一行が浜に戻るとき、今度はサラトガ号が十七発の祝砲を打った。どの船も発砲できることを知らせるためである。

条約の詰め

ポーハタン号での招宴の翌二十八日、ペリー一行二十人が横浜村に上陸した。条約内容の最後の詰めである。ペリーが「南方の港については下田で結構である。そのように定めていただきたい」と言い、林が「下田で薪水食料を供与いたす」と答えた。

ペリーは礼を述べ、つづけて主張した。懸案の課題、①下田の遊歩区域、②下田にアメリカ人の役人を一人駐在させる、の二件である。

ペリー「オランダ人が長崎の狭い出島で困っている。下田ではアメリカ人の上陸はもとより、港から四方へ十里くらいまでは自由に歩けるように願いたい」

林「それはできない。下田町内なら良いが、十里は不可能である」

ペリー「町内だけでは窮屈なので、ぜひとも十里を歩行できるようにしたい」

林「薪水食料を得るためなら町内だけで十分ではないか。それほど遠方まで行かれる理由が見当たらない。無益なことであろう」

ペリーは例の調子で述べた。

「親睦の国になれば、在留アメリカ人が不法をなすとは考えられない。遊歩地を狭くするという主張は理解できない。それならば下田の件はお断りする。これから横浜あたりへ参るか、お断りになるなら江戸まで行くつもりである」

林「即答しかねる。良く考えて明日にもお答えしよう」

つづけてペリーが言った。

「貿易のためではなくとも、わが国の船が貴国へ来るようになれば、下田にわが国の役人を一人置かなければならない。アメリカ人と日本人が争いになった場合、役人を置けば処置できる」

林　「貿易を始めるなら必要となろうが、たまに薪水食料を与えるだけのことであり、応じかねる。外国人の日本在留はオランダ人と中国人に限っている」

ペリー「一人も駐在しないのは不安である。ぜひとも承知願いたい。十八ヵ月後に来るアメリカの使節とまた話し合うのはいかがか」

林　「承知いたした」

懸案の二件をめぐる応酬は、これで終わった。

調印直前の懸案

ペリーが渡した条約草案をその場で検討し、多少の加除をすることとして、おおむね合意したと林メモは書いている。第一の遊歩地の件は、翌二十九日に徒目付《かちめつけ》の平山謙次郎と与力らを派遣して協議させた結果、七里四方と決定した。下田開港の日に関しては、条約上では即刻、実際は来年四月か五月とすることで合意した。

条約調印の日も合意された。三月三十一日の金曜日、旧暦では三月三日、雛祭の日である。この日に調印を持ってきたのは応接掛であろう。雛祭は、現在では女子の祝い事であるが、当時はむしろ厄払いの祭礼と考えられていた。その日に雛を流して厄たを払う。水に縁があるペリー艦隊、それがもたらした厄を払おうという気分があったのではなかろうか。

三月三十日、平山を派遣し、条約草案を互いに示して相談した。条約の調印形式について、ペリー側は諸国の慣例通りに、林、井戸、ペリーの名前を一列に書く案を提示した。それにたいして平山は日本には日本のやり方があり、「名判（署名）は彼と是とを別紙に認めて交換する」よう主張した。粘り強い応酬が繰り返されたが、平山は自説を通した。これは林の強い指示に基づくものである。

第七章　日本開国

描かれた絵

三月三十一日、調印式の日である。応接掛は朝八時頃に横浜村に到着、昼にはペリー一行が軍楽隊を先頭にして上陸した。幕府側は数人の絵師をそろえ、ペリー側も画家ハイネやカメラマン（銀板写真）のエリファレット・ブラウン・ジュニアを同行させた。横浜上陸の様子について絵は残っているが、写真はまだ発見されていない。

日本人絵師の残した絵巻は、上陸するペリー一行を横から描いている。このほうが横に拡がる絵巻に合っているが、いささか威圧感に欠け、貧弱な行列にも見える。

ハイネの絵では軍楽隊を縦列に描き、派手な制服に立派な体軀の軍楽隊員を目立たせて、海岸から行進してくる絵である。遠近法の手法で縦列を描くと、奥行きが出て迫力が増す。

この絵には一行を迎える幕府の役人らしい姿がある。腰を屈めてお辞儀をしている。お辞儀という挨拶は、アメリカでは丁寧な挨拶の振る舞いとはかならずしも受けとられなかったかもしれない。たんなる画法の違いと見るべきか、絵師の心象風景をそのまま映したものか。

1　条約調印

双方全権の署名した版がない

条約文の交換が横浜応接所で行われる。

文書には内容と形式が不可欠である。ましてや国家間の取決めである条約が有効性を持つには、最低限、二つの形式が不可欠である。署名と正文である。

署名の方式に関しては前日の協議で合意に至らず、決着を見ないままこの日に至った。

着席するとペリーは、自説のとおり応接掛の目の前で英文版にサインした。すると、林が言った。「我々は、外国語で書かれた、いかなる文書にも署名することはできない」。ペリーが反論する間もなく交換式は終わった。

交換された条約文のうち日本語版には、林、井戸、伊澤、鵜殿の応接掛四名の署名・花押がある。英語版はペリーの署名のみである。漢文版には松崎の署名・花押、オランダ語版には通詞・森山の署名しかない。

双方全権が同じ版に署名したものは一通もなかった。

これらの条約はアメリカ国立公文書館に現存している。日本側の所蔵分は後の大火で焼失し、存在しない。署名のある文末の写真を二一五ページに掲載した。

もう一つの重要問題が正文である。正文とは、条約解釈に必要な特定言語で書かれた本文を意味する。正文を何語（複数言語も可）にするかの交渉は、日米間で一度も行われなかった。条約にも正文に関する記載がまったくない。正文に言及がないまま四ヵ国語版が作られた。どの版に基づいて条約解釈を進めるか、この大切な問題が宙に浮いたままとなった。

十二ヵ条からなる日米和親条約

条約は全十二ヵ条からなる。タイトルは漢文版が「条約」、英語版の和訳では「約条」とあり、英語版はTreaty of Peace and Amityである。主な内容は次の条項である。

第二条　下田・箱館を避難港として開港

第三条　漂流民救助に必要な経費の相互負担

第四条　アメリカ人漂流民の取扱いと彼らが「正直の法度には服従いたす」こと
第九条　アメリカへの最恵国待遇付与
第十一条　十八ヵ月以降、アメリカの領事または代理人の駐在の許可

「開港」「貿易」「居留」などの具体的な問題は和親条約から姿を消し、今後の「通商」条約の交渉に持ちこされた。そのために、将来におけるアメリカ外交官の下田駐在（第十一条）が明記された。

この調印で終わりか

問題は、共通の署名がない条約を、このまま放置するかどうかである。放置すれば、いずれは紛争の種になりかねない。事前に署名した条約を交換した後、ペリーが口火をきった。

ペリー「両国の親睦の儀を首尾よく整えることができ、たいへん喜ばしい」
林　「まことに喜ばしい」
ペリー「貴国の厳しい国法を伺ったが、それにもかかわらず、このような親睦の誓いを結ぶことができた。今後、日本が外国と戦争に至ったときには、軍艦・大砲を以って、いかようにも加勢するつもりである」

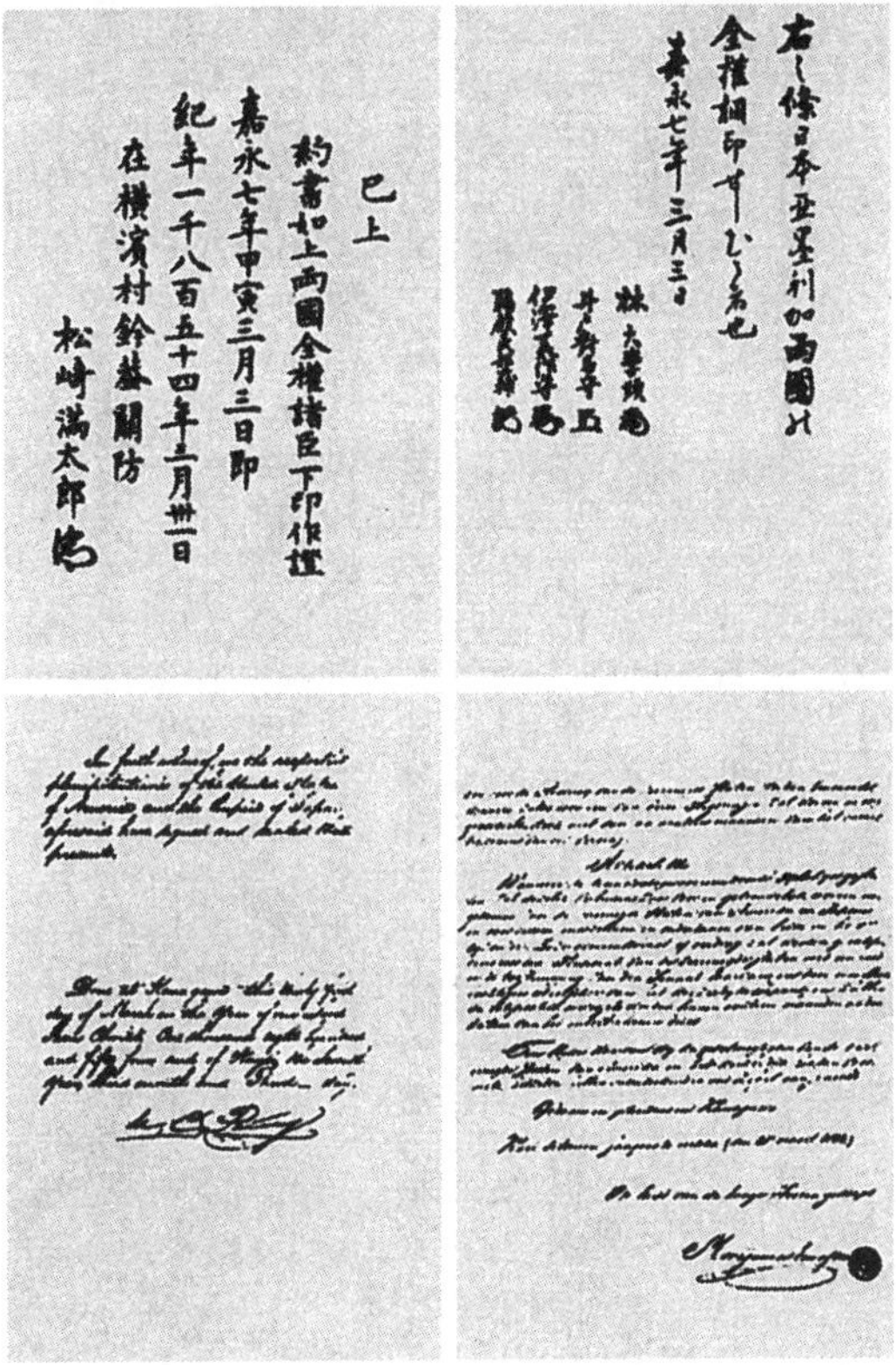

日米和親条約の署名部分　右上が林らの日本語版、左上が松崎の漢文版、左下がペリーの英文版、右下が森山のオランダ語版。アメリカ国立公文書館蔵

林　「ご厚意のこと」

ペリー「下田開港の件は来年四月か五月と約束したが、よくよく考えるとその頃に私が再訪することはできず、別人に引き継いだ場合、取決めに行き違いが生じかねない。そこでご苦労ながら、この後、また下田においてご相談したい。いま薪水食料が必要というわけではないが、少々なりとも頂戴して後の手本としたい」

林　「それはごもっとも。別人が来れば談判も難しく、行き違いもありうる。貴官が下田に来られるさい、私どもも参り、細目を談判いたす」

ペリー「では、下田までご足労いただけるか」

林　「すぐというわけには参らず、五十日ほど後であれば」

ペリー「五十日後と言われるなら、私どもは箱館を検分し、その後に下田へ戻る。

……一八五四年六月六日〜八日のいずれかに下田に戻る所存、皆様方と下田でお会いしたい」

林　「承知いたした。……六月五日までに我々も下田に赴き、応接いたす」

そこでペリーは、「貴国に叛くことがない証拠として、大学頭さまへの贈呈品をお持ちした」と言い、アメリカ国旗の入った包みを渡した。他の二名には大砲とアメリカの地図を贈呈した。

夕刻、挨拶の後に別れた。

2　条約内容と正文問題

戦争回避の成果

応接掛が主張して獲得した点は何であったか。最大の成果は、戦争を回避して大事を乗り切り、交渉によって条約締結に至ったこと、と応接掛は考えていた。応接掛の老中への上申書（嘉永七年三月）には、交渉の苦労が次のように記されている。

ペリーは全権委任を受けており、「何事も即座に独断」し、また「強硬不撓（強く出て、ひるまない）」で、一度言い出したことは、いくら説明しても「容易には変えない」。それに「様々の横合の論を生じて掛け合う（無関係な問題を持ち出して要求する）」。

そこで自分としては、「彼らが内心に抱く殺気を動かし（殺気を抜いて）、兵端《へいたん》を開かせない（戦闘行為に至らせない）」ように努力をかたむけ、「後の患いなく、国法に反さない限りで応対し、穏便の取計いの基本方針を貫くことができた」と述べている。

「力の誇示」と「力の発動」とは違う。武家政権である幕府には、両者の区別ははっきりしていたのではなかろうか。「彼らが内心に抱く殺気を動かし、兵端を開かせない」と、ペリー側の「力の発動」を抑止することに努力したとするのは、そのためである。

「力の発動」を抑止さえできれば、「砲艦外交」のうち「砲艦」という軍事力は「外交」にその席を譲る。「力の誇示」を背景として「様々の横合の論を生じて掛け合う」ペリーに対し、応接掛は正面からの論争で応じた。

和親の二文字について

林がこの上申書の冒頭で述べるのが、「和親」の二文字に関してである。「両国の人々が今後たがいに親睦を結ぶことに相成りましたが、その和文には和親の文字を使っております。和親の二字は取りようによっては甚だ重い意味ゆえ、ここに至った経緯を申し上げます」として、次のような説明をしている。

「条約の和文はオランダ語を訳し、漢字を埋めたもので、和親の二字も重い意味を持つものではなく、アメリカ側では喧嘩口論などがないようにという意味にすぎません。但し、中国においては漢代いらい「和親」は相手国に送る通使（降伏の使者）を指しましたが、今日では、そのような意味はなく、和親と親睦は同じ意味でございます」

別の箇所ではまた次のように述べている。

「ペリー側はオランダ語の草稿を持ち出し、互いに議論して加除を施しましたが、当方は他に和文、漢文、オランダ語文の三通りの草稿を相手に渡して議論致しました」

これによれば、条約文の最後の詰めはオランダ語を基に行ったことが分かる。記録をみると、漢文の和訳よりオランダ語の和訳のほうが日本語としてはるかに正確である。

そして応接掛が正文らしきものと位置づけた漢文版では「親睦」の二字を一貫して採用しているが、その和訳では「親睦」と「和親」の二つを使いわけ、オランダ語版の和訳では「友睦」を使っている。したがって「親睦」や「友睦」を採用し、「和親」の二字を避けることもあり得たはずである。

となると、日本語版での「和親」の採用は応接掛のミスであり、その釈明を老中上申書で行ったのであろうか。漢文版を基とする考え方とオランダ語版を基とする考え方の最終調整がなされないままに、「和親」が採用されたのか。その経緯を明らかにする資料はいまのところ存在しない。

双務性の主張

応接掛の主張した第二点は、「アメリカ人漂流民の救助に要する経費は、これを合衆国が支払う」というアメリカ草案にたいし、応接掛が双務性を最後まで主張したことである。その結果、第三条は「アメリカ人及び日本人が、いずれの国の海岸に漂着した場合でも救助され、これに要する経費は相殺される」となった。

応接掛には、日本船のアメリカへの漂流が、アメリカ船の日本への漂流（漂着）と同じように重要だという判断があった。林家は三代前の述斎いらい、漂流民の問題、その救助の重要性を強調してきた。日本人漂流民は廻船の船員か漁民で、士農工商の身分制度では最下位である。しかし彼らとて「我国之人」ではないか、こう主張したのが他ならぬ林述斎であった。

林家の思想的な系譜から見て、この論理は主に儒教に起源していると思われるが、初期的なナショナリズムの発想も強い。国内の身分上の区別（階級）と、条約上の内外人の区別（民族）の二つの問題を考えあわせ、国際条約では民族の対等性を主張した。それと同時に、寛政令から天保薪水令にいたる薪水供与が売買ではないため、アメリカ船の救助経費を受理した場合、それが未解決の貿易・通商につながりかねないとも考えたのであろう。

日本の正しい法に従う

第四条では、アメリカ人漂着民を厚く保護すること、アメリカ人が「正直の法度には服従いたす」こと、という二つの条項が明記された。アメリカ人は自国（アメリカ）の法律ではなく在留国（日本）の法律に従うという内容で、いわゆる治外法権が排除された。

ペリーは、交渉でいちばん苦労したのがこの第四条であると、本省宛の報告第43号（条約調印の翌四月一日付け）に書いている。応接掛が全条項について強い主張を述べたことに触れた後、これは避けられない交渉事項であったとしたうえで、次のように述べている。

「第四条はアメリカ人が〈日本の正しい法律〉に服すという意味では決してなく、正義と人道主義に基づく法に服すという意味であり、政府がこれを了解されるよう期待します」

言い換えれば、日米それぞれの法律の上位に「正義と人道主義に基づく法」があり、ペリーが認めたのはこの意味だという釈明である。

この条項に関しては漢文版の和訳とオランダ語版の和訳とでは表現が異なる。前段の「漂着アメリカ人の保護」に関しては、漢文版和訳は「緩優に有之」とするのにたいしオランダ語版和訳は「自由たらしめ」とする。後段の「正直の法度」は漢文版和訳だが、オランダ語版和訳は「公正之法」としている。英語ではペリーの本省宛報告に just laws とある。

最恵国待遇

第九条の最恵国待遇とは、条約締結に一番乗りした国が後続国に対して優位に立ち、後続国が新しい条約上の利益を獲得した場合、その利益を等しく享受できるという内容である。これは南京条約（一八四二年）で一番乗りしたイギリスが生み出し、東アジアに生まれたばかりの国際法上の概念である。その適用国は列強だけであるため、双務的ではなく片務的である。

イギリス、フランス、ロシアなどが後続国として日本に来るに違いないと予想したペリーは、「アメリカにとって（今後も他の列強に対し）有利かつ重要な条項である」と本省報告のなかで強調している。

この条項が片務的である点に関して、応接掛は配慮した様子がない。むしろアメリカとの条約を今後も優先させたいと認識しており、それが他の列強への防波堤になりうると考えていたようである。ペリーからの武器贈呈を受けて、「もし後に、他国から外寇があるときは、同じ武器でアメリカの加勢があろうから、御国威を立申候」と老中へ上申している。

署名問題

同じ条約文に双方全権の署名がないことが、ペリーを悩ませた。条約調印の翌四月一日、海軍省宛のペリー報告第43号は言う。

「……三月二十八日の交渉にしたがって条約調印日は三十一日と決まり、当日は予定どおり応接所で調印式が行われました。林大学頭が、応接掛四人の署名のある日本語の条約文を私に渡し、これと交換に私の署名のある英文三通と、ポートマンの署名のあるオランダ語版、それにウィリアムズの署名のある漢文版を受けとりました。……林は、日本の法律では、その臣民が、外国語で書かれた、いかなる文書にも署名してはならないと規定している、と述べました。条約の英文版に署名がなされなくても、条約の効力をいささかも妨げないと私は考えましたので、彼らが主張し、かつすでに決定している方針にたいして、さしたる異議も申しませんでした。……代わりに、彼らは証明つきの三種類の翻訳版を寄越しました。これで、すべての規定が合意され、彼らが自身の方法で規定を実行すると考え、私は満足していま
す」

四ヵ国語版が六種類あったのか

このペリー報告には不明な箇所がある。「……林大学頭が、応接掛四人の署名のある日本語の条約文を私に渡し、これと交換に私の署名のある英文三通と、［ポートマンの署名のあるオランダ語版、それにウィリアムズの署名のある漢文版］を受けとり

ました」の部分のうち、前段の日本語版と英語版に関しては、双方の記録が一致している。［　］で括った部分は、林に渡したポートマン訳とウィリアムズ訳のことらしい。ところが上述のとおり、アメリカ国立公文書館に残るのは、オランダ語版に通詞・森山の署名のもの、また漢文版は松崎の署名のものである。この二通は応接掛がペリーに渡したのであろう。

応接掛がペリーから受け取ったのは、「オランダ語版にポートマンの署名、漢文版にウィリアムズの署名」の版で、後の大火で焼失したもののことであろうか。そうであるなら、漢文版とオランダ語版は署名者の異なるものがそれぞれ二種類の計四種類、これに日本語版と英語版を入れて、全部で六種類の版が存在したと考えられる。

正文と翻訳版をめぐって

ペリーは、「証明つきの三種類の翻訳版」とする部分について、「条約の英文版に署名がなされなくても、条約の効力をいささかも妨げない」ことの理由として、「翻訳版」を挙げている。ペリーの見解は、英語版を正文とするものとも受けとれる。

一方、林メモには、ペリーが目の前で英文版にサインしたことに触れた後、「和文・漢文・蘭文を交換した」とあるだけで、英文版を受理したとも交換したとも記していない。応接掛は、和文・漢文・蘭文の三種類を等しく位置づけているようにも取れる。

幕府内部の文書（老中上申書や林メモなど）では、漢文版を冒頭に掲げ、あたかも正文のように扱う。次にその和訳を掲げ、さらに「翻訳蘭文和解」（オランダ語に翻訳した文書の日本語訳）を掲げている。この論理からすれば、漢文を正文と位置づけ、漢文からの日本語訳と、漢文からオランダ語に訳した版の日本語訳（二重翻訳）という、二種類の和訳を翻訳版と位置づけていることになる。

これまでみてきたとおり、交渉過程では文書交換が漢文で行われ、オランダ語も時に応じて使われた。口頭ではオランダ語だけが使われた。漢文は読み書きだけで、会話には適さない。浦賀沖の最初の出会いから、翌年の横浜応接所での条約交渉の詰めの段階まで、それは一貫していた。この実行経過からすれば、応接掛は漢文を正文らしきものと位置づけてきた。ところがこれは建前であって、前述のとおり、実際の条約文作成の最終過程では、「オランダ語版に漢字を埋めた」経緯があった。

一方のペリーは日本語で交渉しようと考え、通訳を得られずに漢文となったにもかかわらず、最後に交換した条約文に関してだけ、英文を正文らしきものと位置づけ、日本語、漢文、オランダ語を翻訳版としている。双方とも何語版を正文とするかを議論せず、理解が混乱したままで終わっている。

ペリーの応接掛宛書簡

同じ四月一日、ペリーは応接掛にも書簡を届けた。表向きは前日の調印式への礼状である。しかし真意は署名問題である。「貴政府は、これまでの法令どおり双方別紙に名判を押されたが、双方で内容に相違があった場合、問題を生じる」。抗議とも、事情変更の要請とも取れる文面である。

応接掛は返答しなかった。

ポートマンが森山に「昨日の条約交換のさい署名に使われた筆を、一本いただけまいか。記念品として大切に保存したい」と頼み、森山が筆を渡すと、たいへん喜んだ。この件について林メモは言う。「昨日の条約交換のさい、ペリーは目の前で署名したが、我々は休息所で署名し、それを渡した。彼らは帰国後に、日本側が署名した筆として証拠にするつもりではないか」と。

応接掛の自己総括

ペリー書簡の処理を一日かけて考えたのであろう、応接掛は翌四月二日付けで、老中への上申書を書いた。その冒頭の部分で、ペリーが「大統領国書への返事が得られないなら、使節の役目は果たせない。やむなく戦争に及んでも、目的を達成しなければ帰国できない、そう考えて数隻の軍艦を本国から派遣した」と発言したことを引用している。

また老中からは「穏便に取りはからう」よう内命をいただいたので、談判の結果、このような条約を取りかわしたとして応接掛は次のように説明を記している。

①条約の調印に老中の御書判《しょはん》がなく、われわれ応接掛の者だけで事を済ませましたから、御国威《こくい》を立て申候。

②ペリー側に、江戸湾の測量と「乗り廻し」をやめよと諭した結果、これに従ったので御国法を守らせ候。

③ペリー側からアメリカ国旗と武器が寄贈されました。後に他国から外寇があるときは、同じ武器でアメリカの加勢がありましょうから御国威を立て申候。

④条約文への署名は通常は連判《れんぱん》ですが、今回は双方が別紙に署名し、事前に書判をいたして連判を断わりました。調印の翌日、ペリーからの書簡で、連判が無いのは不都合だと申してきましたが、そのままで押し通しましたので御国威を立て申候。

⑤条約交換の後、ペリーからの書簡で、この条約のままでは済まないとありました。

他に数ヵ条を付け加えたいと思います。

⑥このたびの応接の趣意は、彼方の兵端《へいたん》を開こうとする気先《きさき》をはずし、寛柔《かんじゅう》（寛大で優しい）をもって教諭し、何事も静穏に済ませ、御国辱にならないように取り計らいました。

このうち、①の署名者の件は、責任の所在を応接掛に止めようとする老中への配慮にすぎず、あくまで国内問題である。②はアメリカ艦隊の測量と乗り回しが続くので、抗議して中止させたことを指し、これは国権の発動として正当である。③の武器の件は、「以夷制夷」（敵をもって敵を制する）の常套手段で考えたと思われる。

そして④が署名問題である。署名をどうするかは当然に重要な交渉事項であるが、ペリー側がこれを問題としなかったのだから、応接掛の考える通りに実施した。したがって応接掛の「法的な勝利」であると強調しているようにも取れる。⑤は下田での再協議を指すが、その点については、すぐに述べる。

⑥は戦争を回避したことの重要性を述べるものである。「彼方の兵端を開こうとする気先をはずし」とは、戦闘行為に入ろうとする勢いをそらすという意味であり、前述の「彼らが内心に抱く殺気を動かし、兵端を開かせない」と同じである。

「寛柔」とは、いかにも儒者らしく中国古典『中庸』から引いた君主のあり方を指すが、これが弱肉強食の時代に通用するかどうか。だが、戦争を回避し、外交で決着をつけ、和親条約の締結に至ったことは確かである。この点を最重視した応接掛の認識を示すものとして、注目に値する。

エールの交換

条約の正文問題で課題を抱えたまま、下田再会に合意した。新たな展開を見いだす方向に向かいつつある。もめ事は避けるにこしたことはない。条約調印後、ペリーが江戸湾を離れ、下田と箱館（函館）へ向かう四月十八日までの、双方のやりとりをみておこう。

四月二日、ペリーは三貫目の「大銃」一挺を井戸と伊澤の両人に贈呈し、「万一の外寇には、これを使われたい」と言った。装備の大銃をはずしての寄贈であるため、この一挺が限度であるとペリーは釈明している。アメリカから日本への武器贈呈は、これが史上初である。ペリーは本省宛報告第44号（四月四日付け）に、「青銅製のハウィッツァー砲とその台座」の寄贈は応接掛からの度重なる要請によるもので、今後の友好のために有益である、と書いている。

もう一つが江戸へ行く件である。ペリーが切りだした。

ペリー「江戸へ参りたい。大統領からの指示である」
林　「オランダ人以外は国都へ入れない方針である」
ペリー「では、船から一覧したい」
林　「江戸内海へ乗り入れてはならない。このたび和親の国となり、条約のなかに日本の国法を守るとある（第四条）以上、そのような要求はいかがか」
ペリー「では、出帆するときに少し乗り回す程度とお含み願いたい。また神奈川（横浜）に上陸して散策したい」

春爛漫

四月四日、サラトガ号が出帆した。交換した条約文は機密文書である。イギリス郵船でワシントンへ送るわけにはいかない。そこで帆船サラトガ号をハワイ経由の太平洋ルートで帰国させた。

六日、快晴、春爛漫である。合意にしたがってペリーほか四人が横浜村に上陸、徒目付と与力が付き添い、横浜近辺を一里ばかり散策、満喫して夕刻に船に戻った。

四月八日、応接掛一行は、昼前に神奈川を出発し、江戸へ帰任した。これで仕事が終わったわけではなく、下田応接が念頭にあるためであろう、老中上申書には、これが一時帰府であり、「この後の様子次第では、すみやかに出張の心得がございます」と述べている。また、わざわざ「中帰《なかがえ》り」とも呼んでいる。

四月九日、井戸と伊澤に贈られた三貫目ハウィッツァー砲をウィリアムズが試し打ちし、浦賀与力・合原操蔵《ごうはらそうぞう》に伝授した。

四月十日、ペリー六十歳の誕生日である。ノーフォークを出港してから一年五ヵ月が経っていた。大仕事を成し遂げた後の誕生日だが、日記にはそれに関する記載は何もない。

「江戸を一覧したい」

江戸を船から一覧したいと一週間前にペリーが言った件が、まだ解決していない。四月十日、徒目付の平山、与力の合原、それに通詞の森山らをペリーの船に派遣、「江戸海深く乗り込むのは止めるよう」説得した。ペリーは、「貴方らも一緒に乗れば決して不法な振る舞いはしない」と答えて譲らない。そのうち蒸気船二隻が江戸方面へ進行した。横浜を出るときに祝砲を打ったが、「江戸海で祝砲を打てば都の人々が心配する、その場合には筒先へ向かい、一命を捨てて阻止する覚悟を持った」と平山らの述懐が残っている。

羽田の灯明台まで来たところで船を止め、ペリーが森山らを呼んで問う。「あれが江戸であろうか」。森山がそうだと答えると、ペリーが艦隊の主だった乗組員を集めて望遠鏡を覗かせ、「あれが江戸である。これで江戸を見た」と言うや、船首を南に向けた。

そして平山らに言った。「貴方らも、これで帰って宜しい。心配したことと思う。本国から指示されたことでもあり、やむをえず、このようにした。私は多くの者を連れている。帰国後に江戸を見ていないという者が出ないよう、こうした手段に出た。安心されたい。大いにご苦労であった。大学頭さまほか皆様にも宜しくお伝え願いたい」。こうして丁寧な暇乞いをして帰帆した、と林メモは締めくくっている。

ペリーは、当然のこととはいえ、本国からの指示を実行していた。日本に顔を向けつつ、背後には本国政府に向けた顔がある。江戸近くまで蒸気船を乗り回したのも、「江戸を見た」との証拠づくりであった。

サザンプトン号とサプライ号、すこし遅れてバンダリア号とレキシントン号がすでに下田へ向けて出航していた。ペリーは四月十八日、ポーハタン号に搭乗、ミシシッピー号をひきつれて江戸湾を離れ、下田へ向かった。

3　ペリーの日本観

応接掛も調印した条約で十分とは考えていなかった。協議の場は、再会の下田である。

ペリー一行は、五月十七日、下田から箱館に到着、ここに二週間滞在した。そして六月七日、応接掛と再会を約束した日に下田に戻ってきた。箱館と下田の短い滞在を通じて、ペリーは日本の現状と日本人について印象を深くしたようである。条約締結が「アメリカだけでなく、日本の進歩と世界の利益になるだろう」と述べ、具体的には次のように書いている。

①箱館の印象

箱館では湾内の測量をすませると、寺、神社などの建物や商店・市場などの調査を行った。戸数は下田とほぼ同じ約千戸、地中海入り口の港町ジブラルタルに酷似しており、広い道路が整然と延び、排水への配備がなされ、敷石が敷かれ、日本の他の町と同様にきわめて清潔である。約五十キロ離れた幕府直轄地の松前との間にかなりの物資往来がある。幕府の役人は箱館は貧しいと強調するが、この地の将来性は高い。

②下田の街

下田は文明の進んだ町であることが見てとれ、町を建設した人々の衛生や健康面への配慮は、わが合衆国が誇りとする進歩をはるかに上回っていた。排水溝だけでなく下水道もあり、汚水や汚物はじかに海に流すか、町中を流れる小川に流し込んでいる。

〔加藤注　約千戸といえば人口は約五千人、「新興国」アメリカでは規模の大きな町に相当する。当時のアメリカ諸都市の人口は、出港地ノーフォークが約一万四千人、首都ワシントンが約四万人、最大のニューヨークが約七十万人である。ペリーが人口百万を超える江戸に上陸していたなら、その繁盛ぶりに驚嘆したに違いない〕

③日本の技術について

実際的および機械的技術において、日本人は非常な巧緻を示す。……日本人がひとたび文明世界の過去・現在の技能を有したならば、機械工業の成功を目指す強力なライバルとなるだろう。

〔加藤注　日本人が、一定の高い技術水準を持っていたからこそ、黒船の技術力を評価でき、彼我を比べて、自分の技術が黒船には圧倒的に劣ることを痛感できた。

技術格差が大きすぎるときには、その自覚さえ生まれにくい。あれほど早く大型船を自ら建造できたのは、ここに起因する〕

④好奇心と知識について

読み書きが普及しており、見聞を得ることに熱心である。……彼らは自国についてばかりか、他国の地理や物質的進歩、当代の歴史についても何がしかの知識を持っており、我々も多くの質問を受けた。……長崎のオランダ人から得た彼らの知識は、実物を見たこともない鉄道や電信、銅板写真、ペキサン式大砲、汽船などに及び、それを当然のように語った。またヨーロッパの戦争、アメリカの革命、ワシントンやボナパルトについても的確に語った。

艦上で目に触れる珍しいものに上流階級が示す知的関心と同様に、庶民達も隊員が上陸するたびに熱い好奇心を示した。日本人は街中で、たえず士官や水兵を取り囲み、その身体や帽子から靴にいたる服装の各部分の英語名を身振り手真似で質問し、紙と筆を取り出して記録した。

〔加藤注　条約調印後の下田では、刺青のアメリカ兵が日本の風習を真似てお辞儀をし、時刻を問わず「お早う」と挨拶したこと、行きずりの子供の頭をなでたこと、また画工が芸者二十八人の姿を「写真鏡」（カメラ）で撮ったことなどを記

す、日本側の聞書が残っている〕

⑤密航者への評価

四月二十五日の午前二時頃、下田沖に停泊中のミシッピー号に二人の男が近づいた。瓜中萬二《くわのうちまんじ》こと吉田寅次郎《とらじろう》（松陰《しょういん》　二十五歳）と、市木公太《いちぎこうた》こと渋木松太郎（別名金子重助《しげのすけ》　二十四歳）の二人である。旗艦では通訳を出し、その男達の要望を聞いた。合衆国へ連れていってほしい、世界を旅行し見聞を深めたいと言う。この行為はアメリカの法律では無罪でも、日本の法律では犯罪であり、相手国の法律を尊重するには引き返してもらうより他はなかったとある。

〔加藤注　二人へのペリーの評価は、「漢文を見事に書き、物腰も丁寧で洗練されている」、「知識を求めて生命さえ賭そうとした二人の教養ある日本人の激しい知識欲」、「道徳的・知的に高い能力」などと述べた後、「日本人の志向がこのようであれば、この興味ある国の前途は何と有望か」と結んでいる〕

⑥日本人の労働と遊びについて

日本人は一生懸命に働くが、時々の祭日をもって埋め合わせをし、また夕方や暇なときには勝負事や娯楽に興じる。

〔加藤注　アメリカ人が日本の花札やかるたに関心を払ったのと同様に、日本人もまた「夷人が木陰に数人集まり、メクリという勝負事をするのをたびたび見た。これは本邦のかるたと同じもの」と興味を寄せている」

⑦日本女性について

若い娘は姿よく、とても美しく、立ち居振る舞いは大変に活発で自発的である。それは、彼女達が比較的高い尊敬を受けているために生じる、品位の自覚から来るものである。

〔加藤注　正当な評価への自覚が人を生きいきと自発的にさせ、品位を高めるという見方は、本質をついており何の偏見もない。自分の娘達の姿が、ペリーの念頭をかすめたのであろうか。限られた接触と時間のなかでの理解ではあるが、開国を迎えようとする時期の、日本の一側面を看取している。若い未婚の女性については評価が高いが、既婚女性のお歯黒や口紅には強い違和感を抱いたらしく「この特異な慣習をやめれば、かなり器量が良くなる」と述べている〕

⑧多色刷りの絵本

多色刷りの廉価本が普及、日本は欧米より数世紀も先行している。……二本の筆を片手で同時に使い……遠近法で描く線画……船の蒸気機関の各部分を写生し、これ以上ないほど正確で優れた絵……気取りのない子供向けの絵本は……好奇と滑稽を自由にユーモラスな感覚で描き、わが国の類似の本にはめったに見られない。〔加藤注　いま日本漫画の世界的ブームが見られるが、これは百五十年前の指摘である〕

4　下田追加条約

下田応接の人事

応接掛はペリーとの下田再会に備え、準備を始めた。四月二十一日、応接掛の伊澤が下田奉行に任じた（禄高は二千石高）。四月二十八日には井戸対馬守（町奉行）と鵜殿（目付）を下田取締掛に任命するとの老中申渡が出た。下田「取締掛」という役職は、密航を試みた吉田松陰らの取調べのためであろう。

五月一日、浦賀奉行所組頭の黒川を下田奉行所の組頭に任命した。同じ日、目付の永井尚志《なおゆき》と岩瀬忠震《ただなり》に対して、内海台場普請、大砲製造、大船製造の掛に任命するとの若年寄通達が出された。

そして五月三日、林、井戸、鵜殿、松崎の四名に対して、下田応接に関する老中通達が出された。これに下田奉行となった伊澤を加え、下田応接は横浜応接とまったく同じ布陣となった。五月二十三日、もう一人の下田奉行に都筑駿河守《つづきするがのかみ》金三郎を任命、さらに勘定吟味役の竹内清太郎を加え、ここに下田での応接掛は計七名となった。

五月十五日、浦賀・横浜・下田でのアメリカ応接に格別の出費があったとして、林、井戸、伊澤の三名に金二〇〇両ずつ、鵜殿に一五〇両、松崎に七〇両の手当金が支給された。

また横浜応接に要した二五三七人分の手当金（一人一泊で銭一八四文）と賄い金二一両、神奈川宿の四万六五五三人分など計四一一両余の請求書が、武蔵下総代官から勘定奉行へ出された。

六月二十六日、勘定奉行は江戸と大坂の町人に対して御用金《ごようきん》（幕府が御用商人などに臨時に課す賦課金）を割り当てた。海防費と禁裏炎上の修復費である。江戸では勘定奉行御用達をはじめ約二百人から、総額で金貨二〇万一五〇〇両を、大坂・兵庫・西之宮・堺からは銀で三万六一九〇貫（金貨に換算して五六万五四八三両余）の上納金があった。

日米の下田再会

六月三日、下田奉行に任命された伊澤が下田着任、さらに翌四日に井戸と鵜殿の両名が、そして五日には林と松崎が下田に着任した。約束の六月六日の一日前であった。

一方のペリーはポーハタン号に搭乗、ミシシッピー号をひきつれて予定日の六月七日に下田に現れた。箱館出港は三日であり、四日間の航海で下田に着いたことになる。アメリカ側の観察によれば、下田の町の戸数と人口は箱館とほぼ同じ千戸で約七千人、その五分の一が商人・職人とある。

横浜村のような仮設の条約館しかない新開地とは違い、下田には庶民の生活があり、それに相応しい風情や活気があった。艦隊は沖合に停泊、士官たちは毎日上陸して散策を楽しんだ。長い船上生活には、陸上の散策がなによりの喜びである。その喜びもさることながら、士官達には別の意図もあった。締結されたばかりの和親条約で、まだ詰めが残されている問題の一つが「遊歩地」の件である。この「遊歩地」を事実上の既得権としたい、それを自ら行動で示そうという狙いである。

幕府には外国人の行動範囲を限定し、雑居にともなう混乱を避けたいという考えがあった。その裏には、外国の商品や文化の流入、ないし直接の人の接触による変化を、一挙にではなく徐々に段階的に行いたい、そうしなければ併呑されかねないという危機感があった。

五月十八日付けで、応接掛は十五項目からなる方針伺いを提出し、老中は慎重に事前準備を進めた。五日後の五月二十三日付け老中指示は、条約形式に近い十五ヵ条の構成となっている。和親条約の幕府草案に比べて、老中ははるかに積極的であった。この老中通達には、「以降は漢文をあい止め、和文を主とし、これを横文字（オランダ語）に訳すこと、万一漢文を渡す時は和文をもとに間違いなく訳すこと」とある。

これに付した文書には、和親条約の和文・オランダ語文・漢文の三者で表現が異なる面があると指摘、とくに第四条は「オランダ語版に、つつしみて公正の法度に拠りて待遇し、合衆国人も其法度には服従いたす事とあり、和文・漢文と表現が異なるが趣旨は同じである」との解釈をつけている。

内容的にきわめて重要な条項の解釈基盤を、オランダ語の和訳に置いた。この経験に基づき、表現の正確さから、オランダ語を翻訳語として採用する考えを持ったのではなかろうか。

下田の協議

下田応接の場は了仙寺とし、六月八日に始まった。上陸したのは総勢で約三百人だったが、別室に通したのはペリーと彼の息子（司令長官の秘書とある）、ベント、リー、ウィリアムズ、ポートマンの計六名である。林が口火を切った。
林　「横浜いらい暫くぶりである。暑い時節柄、海を渡るのに支障はおありでないか」
ペリー「ありがたき幸せ。みなさま方もご機嫌いかがか。このたび箱館へ参ったが、良港であり、彼の地でのお取り扱いも行き届いておりました」
しばらく中座した林が戻ってきて言った。
林　「この湾内にブイ（浅瀬など危険がある箇所に置く浮き舟）を置き、それに貴国の旗を立てているが、わが国の領海でそのような行為はまかりならない」
ペリー「それが貴国の国法であるならば、国旗はすぐにはずす所存。但し、ブイがないと安全に停泊しかねる。御国の旗印に取替えていただけまいか」
林　「では、そう致す。……もう一つ、赤根島という小島に大きな箱を置き、それに横文字で何か書いてある。当方に断りのないもの。すぐに取り除いていただきたい」
ペリー「承知致した」
もともと応接掛が想定していた協議の本題に入る前に、ブイの旗や奇妙な箱の問題が生じ、林の抗議を受けてペリーがすんなりと承諾した。

協議の主な論点と想定していたのは、①今後の条約における使用言語、②「遊歩地」の範囲、③署名問題、④その他であった。

林が言った。

林　「下田奉行を置き、下田町の外に関門を設けた。この関門の内側ならアメリカ人が自由に動くことができる」

ペリー「条約で七里を決めたにもかかわらず、そのような関門を設け、その内側だけしか動けないというのは条約違反ではないか」

林　「もとより下田港の七里の件は条約に定めたもので、それに背くつもりはない。関門の外へ出る場合には、事前に申し出があれば付添人をつける。この関門は下田奉行の支配地とその他の所領との境であり、わが国法によって実施した」

ペリー「関門は領地の境に立てたよし、わが国人の往来を差し止める目的でないことは理解した。だが、関門の外へ行く場合に付添人をつけるのは、はなはだ迷惑である。付添は止めていただきたい」

林　「付添の件は、アメリカ人が不法のことを行うと疑ってのことではない。下田奉行支配地であれば当方も処置できるが、領外となると、わきまえを知らぬ小民が、どのような不法行為を行うか分からない。そのときに奉行所の付添があれば、万事平穏に処理できる。付添人は貴国のために宜しいのではないか」

ペリー「そうであれば了解した」

ついでペリーが「ポーハタン号の船員が事故死（五月四日）した。下田に埋葬したい」と求めた。検屍を前提に幕府は了承した。埋葬所は柿崎村の近郊、儀式はキリスト教で行われた。また死去した別の乗組員一名を横浜村に仮に埋葬したが、これを下田柿崎村の玉泉寺に改葬することで合意がなされ、すぐに実行に移された。

今度はペリーが、自分の肖像画一枚とアメリカ初代大統領ワシントンの記念石塔の図一枚を応接掛に寄贈したうえで、切り出した。

「この初代大統領の記念石塔は世界中の美しい石を使っているが、日本の石はまだ入手していない。ぜひとも石を一ついただけまいか」

応接掛は「海浜の石」を一つ進呈した。

次に林が言った。「当地の漁民が、貴方の朝夕の合図の砲音に迷惑している。自粛していただきたい」。

ペリー「そのことは一向に気づかなかった。ご迷惑とあれば、さっそく今日から中止する」

林メモには、これ以降、砲音は一発も聞かれなかったとある。またペリーの軍卒の調練を見学したいと応接掛が要望して了承を得たので、彼らが隊列を組んで海岸の町内を一巡、船に戻るまでを見学した、とある。

初日の協議は、これで終了した。

翌六月九日、十日の両日も了仙寺において協議が続いた。十日の協議では林が「これまでは漢文と蘭文（オランダ語）で交渉いたしたが、両語の文章に相違が生じたので、これからは漢文を取り止め、蘭文と日本語で進めたい」と提案し、ペリーが了承した。これは老中指示によるものである。

漢文通訳のウィリアムズは、「この日から漢文を廃止したので、私と羅森は楽になった」と日記に書いている。

十六日、ミシシッピー号上で仮装黒人楽団の演奏会が開かれ、日本人三百人が招待を受け、食事もふるまわれた。十七日に取り交わされた「条約附録」（下田追加条約）は、漢文を廃止するとの取決めにしたがい、和文、英文、オランダ語の三ヵ国語から成っている。

下田追加条約

下田追加条約の末尾には、「右の条約附録はエゲレス語と日本語にてとり認め、名判いたし、これをオランダ語に翻訳して、その書面を合衆国と日本全権双方が取りかわしたもの」と明記した。日本語と英語を正文とし、オランダ語の訳文を付す決定である。また第七条では「オランダ語通訳の不在のとき以外は漢文を使用しない」とある。

条約交渉の過程では、漢文が主でオランダ語が従であったが、それが逆転し、翻訳語の順位はオランダ語、ついで漢文となった。ここにおいて、東アジアのラテン語とも言うべき漢文が外交の舞台から姿を消した。日本側は蘭学の伝統を生かす手段を確保した。日本には英語の分かる人がまだきわめて少なく、このとき以降、オランダ語を通じて徐々に英語を学んでいく。

遊歩地の問題は、以前の合意通りに周囲七里となった。その他、新たにアメリカの商船・捕鯨船が入港する場合の上陸場（波止場）を三ヵ所設けること（第二条）、死去アメリカ人の埋葬地を玉泉寺とすること（第五条）、鳥獣の禁猟（第十条）、批准書の交換（第十二条）などが取決められた。

幕府はこれを「条約附録」と呼び、ペリーは additional regulations としている。これらの内容を含む全十二条の追加条約の日本語版と英語版に、六月十七日付けで応接掛の七名が署名し、翌十八日には同じ版にペリーが署名を終えた。本省宛報告第52

号に収録されているペリー署名の版は、六月十七日付けとなっているから、応接掛の署名版を確認するつもりで署名したものと思われる。またオランダ語の訳文にかんする部分を「公認の訳文」としている。

同じ文面に双方全権が連署した条約文は、二十日に了仙寺で交換すると決めたが、この約束の日、ペリーの体調がすぐれず、代わりにベント大尉（旗艦ポーハタン号のアダムス艦長の代行）、ポートマン、ウィリアムズの三人が出席して、応接掛と交換を終えた。

ペリー艦隊は六月十八日、十三ヵ月ぶりにミシシッピー号を旗艦とし、二十五日に四隻が出航、帰途についた。この日に林も役を終えて江戸に戻る。二十六日には残りの一隻が出帆、応接掛の鵜殿や伊澤らも帰京した。林メモ（「墨夷応接録一篇」）は六月二十六日で終わる。

ここに本土での日米交渉がすべて完了した。この後の琉球での交渉については述べない。

5　日米和親条約の国際的意義

日米和親条約と下田追加条約の調印の持つ意味は何か。日本と条約を結ぼうとしたのは、いずれも列強側であり、アメリカが一番にこれを達成した。幕府が自ら条約締結を望んだわけではない。

日本の対外政策はロシア帝国の東方拡張に伴い、十八世紀後半からロシアが先導、日本に対する物資（薪水）補給の要請から始まった。その動きを察知した幕府は、最初の対外令として薪水供与を認める寛政令（一七九一年）を公布する。一七九二年にロシア政府の遣日使節ラクスマンが来日した。イギリス船、フランス船の来航がそれについだ。

アメリカとの関係はいちばん最後に始まり、条約締結はいちばん早い。アメリカは一七七六年の建国（独立）から七十七年目の、若き「新興国」であった。幕府は自らの対外経験と国際政治の現実をみて、「超大国」イギリスより「新興国」アメリカに親近感を抱き、積極的にアメリカとの関係を模索する。

ペリー艦隊の来航により幕府は大統領国書を受理し、状況を見つつ対応を考え、徐々に体制をととのえていった。一八五四年三月八日の横浜応接から本格的な交渉に入り、争点が対立する一方で、互いに贈答と招宴を重ね、相互理解を深めた。条約交渉では、幕府がアメリカ側主張の欠陥を見出し、そこを突破口として双務性の主張を行い、最終的に新しい条約を生みだした。

これが可能であったのは、なぜか。老中や応接掛の国際情勢の理解力、対応力、語学力、さらには交渉力などが重要な要素である。一方のペリーは、論争で応接掛から論点の矛盾を指摘され、それを認めるや、自説を撤回した。

本書では、こうした交渉過程をかなり詳細に記述する手法を採用した。資料に濃淡はあるものの、双方に記録が残っており、主張の応酬と合意点を客観的にたどることができた。

だが、これだけの説明で十分とは思われない。十九世紀の国際政治は一筋縄ではいかない。初の本格的な日米協議を描く時、世界情勢を常に念頭に置く必要がある。これまで描いてきた日米協議が、世界の常識であったわけでは決してないからである。

四つの政体

十九世紀は弱肉強食の原理が支配する時代であり、戦争と植民地支配が主流であった。戦争は植民地化の前提である。すでにインドはイギリスの植民地に、インドネシアはオランダの植民地となっていた。植民地は、現在の法概念で言えば、立法・司法・行政の国家三権をすべて失う政体である。従って国家元首を失い、条約の締結権もなくなる。

戦争の結果、植民地としない場合（植民地維持の経費がかかりすぎると判断した場合など）は、条約上の利益を優先し、敗戦国に不平等条約を強いた。これを私は「敗戦条約」と名づけた。その典型がアヘン戦争後の南京条約（一八四二年）である。「敗戦条約」には「懲罰」が伴った。

南京条約の場合、領土割譲（香港島が植民地となる）と清朝財政の約半年分に当たる賠償金支払いである。領土割譲は政治的な怨みを残し、賠償金は財政を圧迫し、貧困を招来する。

敗戦国の人びとは屈辱にまみれ、貧しさにあえいだ。清朝はこの後の六十年間にわたり、度重なる「敗戦条約」を強いられ、ついに財政破綻した。

これにたいして、日米和親条約は戦争を伴わず交渉により結ばれた。これが最重要であると私は考え、「交渉条約」と名付けた。交渉条約には「懲罰」の概念が発生せず、したがって領土割譲も賠償金支払いもない。代わりに贈答品の交換という古代からの慣習が行われる。不平等性は交渉条約がいちばん弱い。

これら三種の政治体制に、それを作り出した列強を加えて、十九世紀中葉、「四つの政体」ができあがった。これら四者の総体が新しく生まれた国際政治の構造、別掲の概念図「近代国際政治（四つの政体）」である（二五四ページ）。横軸に対等性を、縦軸に従属性を取った。年の表記は、政体の持続期間を示す。

これら四つの相互関係で重要な点は、次のとおりである。

(ア) ①と①の関係、すなわち列強（複数）間の関係は、競争・対立・協調であり、戦争・外交・貿易などの各種の形態をとって展開される。

(イ) ①列強と②植民地との関係は、もっとも従属性が強く、かつ持続年月がもっとも長い。

(ウ) ①列強と③敗戦条約国の関係は、戦争の結果として「懲罰」を伴う。①列強は「懲罰」から多くの権益を引き出そうと、領土の割譲や莫大な賠償金の取り立てを行った。さらに諸権利を獲得することにより貿易を有利に展開した。一方の③「敗戦条約国」は、領土割譲に憎しみを深め、賠償金支払いによって窮乏を強いられた。

(エ) 最後が①列強と④交渉条約国の関係である。交渉条約には「懲罰」の考え方がなく、不平等性（従属性）はいちばん弱い。交渉段階では信義の交換が行われる。日本開国を決めた日米和親条約は、たしかに最恵国待遇をアメリカだけに付与する片務性があること、条約に期限がないなど、幾つかの面で不平等な内容が残る。しかし交渉条約により、日本は国際社会へのソフトランディングに成功したのである。幕末維新の政治過程は、これを前提として進む。

早くもペリーとの接触段階から、新しい思想や技術の存在を知り、その秘密の幾つかを自分のものに転化できた。例えばペリー第一回来航の直後から浦賀奉行所で始まる外洋帆船の製造、各地における新しい武器類の開発、蒸気船の発注と導入、そして外国の学問・芸術・諸制度への強い関心などである。

薩摩を中心とする志士たちの西洋密航の流れは、やがて留学生派遣やお雇い外国人招聘など、明治へと継承され発展してゆく。これも最初の対外関係が交渉条約であったことに由来する。

交渉条約はまた、国際社会にとっても大きな意義があった。弱肉強食を基調とし、有無を言わさぬ戦争が政治の主な発動形態であった時代に、それとはまったく異なり、戦争によらず、平和的な交渉による国際関係への道を開いた。国際政治は、旧来の固い構造に交渉条約が加わり、柔構造に変化したのである。

国際法は国際政治のルール化であり、欧米主導で一方的に進められてきた、いわば強者の論理である。条約は事後の一定期間を安定的に保障する。言い換えれば、一方に利益を保障すると同時に、他方を不利益で拘束する。利益・不利益が均衡点に近い

①列強
②植民地
③敗戦条約国 ｝不平等条約体制
④交渉条約国 ｝

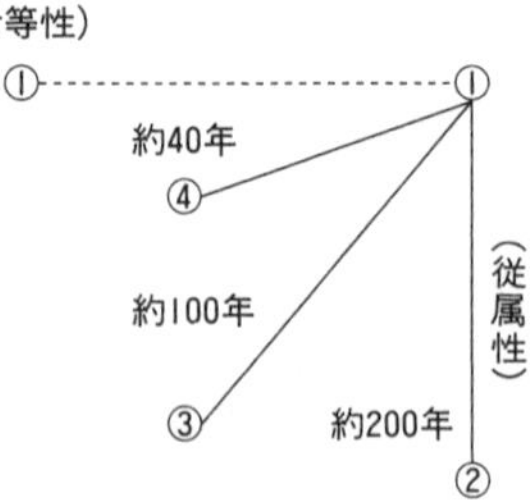

①列強――19世紀中葉では「海洋国」の英、米、蘭、仏、露、それにスペイン、ポルトガルなど。

②植民地――インド（1773年～）、インドネシアなど。立法・司法・行政の国家三権をすべて喪失。

不平等条約体制

③敗戦条約国――中国（アヘン戦争の結果の南京条約＝1842年以降、幾度も「敗戦条約」が続く)。「懲罰」としての賠償金を支払い、領土割譲を伴う。司法・行政の一部喪失。

④交渉条約国――日本（日米和親条約＝1854年、通商条約＝58年)。タイ（通商条約＝1855年)、「懲罰」はなく、司法・行政の一部喪失。日本の場合には、アヘン禁輸条項の明示など。また早期の条約改正を達成した。

注：従属性の強い関係（①―②）ほどその持続期間が長く、弱い関係（①―③、①―④）ほど短い。200年は約7世代、40年は約2世代に相当する。2世代ということは親や祖父母の体験が子らに伝承されることを意味する。思想の形成、伝承にとって、この時間幅は重要な要因となる。

概念図　近代国際政治（四つの政体）

条約が交渉条約にほかならない。これが欧米列強間ではなく、日米間で実現した。

日米関係とは、広義にはアジアと欧米の関係である。欧米主導の国際政治のなかに、アジアの一国である日本が、交渉条約の結果として参入した。欧米側にとっては大きな「譲歩」であったかもしれない。しかし正義と平等の国際社会にとって、それは本来的な使命である。交渉条約は次代を指し示す希望の星となった。

ところが日本人はこの画期を正しく評価しないまま、百五十年が経過した。幾つかの原因があろう。歴史の一国主義的理解が世界史の理解をゆがめたことも、またペリーの行動や片言隻句を針小棒大に誤解・歪曲したり、歴史学が当然に踏むべき資料の収集・批判を軽視してきたこともある。百五十年後の現在、あらためて正しい歴史認識の重要性を痛感する。

あとがき

二〇〇四年三月三十一日は日米和親条約の締結一五〇周年である。開国一五〇年を機に、幕末外交と日本開国の歴史を描き、日米関係の源流を考えなおそうと思った。幕末開国は、日本にとって時代を画す大きな出来事であるが、歴史の実像はまだ明らかになっていない。

本書の記述は、一八五三年七月八日のペリー艦隊浦賀来航から、一八五四年六月の下田追加条約調印までの、約一年間に焦点を絞っている。対象とする時代が前著『黒船前後の世界』（岩波書店　一九八五年）『黒船異変—ペリーの挑戦』（岩波新書　一九八八年）と重なるため、歴史事実に関しては前著の記述を大幅に取り入れた。

本書では、日米双方の資料をほぼ均等に使い、記述も日米双方を半々にするように努めた。交渉過程での双方の主張と応酬に関する一次史料を精選して対比し、両者をつき合わせることにより、事実を浮き上がらせたいと考えた。

ある事件を分析するとき、とくに政治史・外交史の分野では、原因・経過・結果の三つを念頭に置き、一連の流れを描くことが多い。ここでいう「原因」は、主体的な政策選択と置き換えることもできる。また「経過」に関しては、交渉当事者のみならず、メディアや世論の及ぼす影響など、複雑な諸要素が入りこむ。

本書は「経過」の部分をかなり重視し、記述面でも多くの紙幅を割いた。「恫喝」を交えて行動するペリーは、激論をかわし広く見聞するなかで、事前に想定していた相手のイメージが変わり、理解を深めていった。「経過」いかんで「結果」が変わる。

黒船来航と日本開国について、日本には今なお次のような理解が広く存在している。①無能な幕府が、②強大なアメリカの軍事的圧力に屈し、③極端な不平等条約を結んだとする説である。

言い換えれば、「幕府無能無策説」と「黒船の軍事的圧力説」の二つを理由として、そこから極端な「不平等条約」という結論を引きだそうとする単純な三段論法であり、そのため、かえって根強い支持を得て、今日に至った。

この見方は明治十年代以降、とくに条約改正を本格的な政治課題に掲げてから明治政府の見解として強化された。明治政府は条約を改正する根拠として、条約そのものがいかに不平等かを強調し、条約を結んだ前政権の幕府を無能無策であったとする政治的キャンペーンを張った。キャンペーンとしては有効で、強烈なインパクトを与えた。

しかし、日本側の記録にとどまらず、日米双方の資料を丹念に読み、さらに英米競争の資料や中国情報、オランダ情報などを総合的に読むと、幕府無能無策説・アメリカ軍事圧力説・極端な不平等条約説という三段論法は、歴史の実像と大きくかけ離れていることが分かる。

一方、アメリカにおいては、ペリー派遣、日米和親条約、あるいは広く初期の日米関係への関心はきわめて薄い。アメリカの世界戦略のなかで対日関係の比重が低いことも一因だが、それ以上に歴史理解の枠組みが違う。ペリー派遣の一八五〇年代前半は、その前と後の二つの時代に挟まれて、影が薄い。

一八四〇年代後半のアメリカは、国土拡大が神より与えられた「明白な宿命《マニフエストデステイニー》」であるとする拡張主義・膨張主義が旺盛な時代であった。米墨戦争に勝利したアメリカはカリフォルニアなど広大な西海岸を手に入れた。折しもゴールドラッシュが始まり、好況感が拡がった。

そして一八六〇年代は、全国規模の内戦（一八六一～六五年の南北戦争）である。一八五〇年代前半のペリー派遣と日米和親条約に関してまでは歴史的な関心が及ばなかったのか、初期の日米関係は谷間に埋もれてしまった感がある。

ペリーの事績についても、拡張主義の時代風潮をそのまま受けて、ヒーローの側面を強調するあまり、彼が大胆に江戸湾に艦隊を乗り入れ、日本を商業国の仲間に入れるべく、遠大な構想の条約を結んだことが強調される。平和的に結ばれた日米和親条約がアメリカ外交史における栄誉ある成果である、との指摘はほとんどない。

こうして長い間、日本における開国への誤解・歪曲と、アメリカにおけるヒーロー伝説を好む傾向とが奇妙な共存関係にあった。パートナーと言われる日米双方に、この百五十年間、歴史理解に重大な「空白」が存在している。両国間で、互いに知らないことがあまりにも多いのではないか。この「空白」を埋めるために、初発の日米関係を把握しなおすことの大切さを痛感している。

日米関係は、それだけが単独に存在するのではない。かつて国際文化会館の松本重治さんの回顧録の編集を手伝った折に、「日米関係は日中関係である」との名言を吐かれたことを鮮明に記憶している。歴史的にも地理的にも、日本は東アジアの一員であると同時に、太平洋を挟んでアメリカと接している。日米関係は日本＝アジア関係と切り離せない関係にある。

ある種のトラウマであろうか、ペリーが幕府に「白旗」を渡し、降伏する時にはこの「白旗」を掲げよと恫喝したと強調する日本人学者がいる。日米双方の資料を見ても、この種の主張には根拠がない。測量や伝令など、軍事行動とは直接に関係のない行動には、ペリー艦隊の小船がみずから白旗を掲げており、この絵を描いたのは同行画家ハイネである。白旗の使用は操船マニュアルに沿う常識である。それを「降伏」要求という政治レベルまで拡張解釈するのは、いかがなものか。

日米和親条約は一門の大砲も火を噴かず、平和的な交渉によって結ばれた。これが最重要の論点だと私は考える。戦争を伴わない条約を私は「交渉条約」と名づけ、戦争の結果としての「敗戦条約」と対比させている。

十九世紀の国際的常識として、「敗戦条約」には、「懲罰」としての賠償金と領土割譲が伴った。それに対して「交渉条約」には、「懲罰」という観念そのものが存在しない。アジア近代史から見れば、日米和親条約のような「交渉条約」は稀有の事例である。「交渉条約」を導いたのは偶然ではない。一定の政治的条件の下、日米双方の当事者による外交努力の成果にほかならない。

日本外交史のなかでは、幕府の高い外交能力は特筆されるべきであろう。老中・阿部正弘をはじめ、交渉にあたった林大学頭ほか奉行・与力・同心にいたるまで、交渉相手のペリー一行にたいして格別の偏見も劣等感も抱かず、熟慮し積極的に行動した。外交に不可欠な情報の収集・分析・政策化の三拍子を組織的に駆使し、条約に多くの対等性を持たせることができた。

アメリカ外交史のなかでは、日米和親条約は平和裏に結ばれた、輝かしい外交的成果の一つである。「発砲厳禁」の大統領命令を背負い、地球の四分の三という長い補給線を頼りに、幾多の苦難を越え、軍艦九隻、約二千人の艦隊員を統率する艦隊司令長官として、また優れた外交官として使命を果たしたペリーの存在と、彼の思想や戦術に依るところが大きい。

現代に目をやると、二〇〇一年九月十一日の同時多発テロ以降、国家間で処理するものと考えられてきた戦争と平和が、国家対テロ集団の関係を含むようになった。イラク戦争は、外交的解決より軍事的解決が優先した結果である。

現実政治の展開と百五十年前の日本開国史、この二つは時間的には大きな隔たりがあるものの、根底には共通の課題があると思う。それは国際政治の処理に関する、外交的解決か軍事的解決か、という人類永年のテーマである。開国一五〇周年を機に、人類の叡智と未来への希望ある座標軸を考えることができないだろうか。

本書の執筆を筑摩書房の湯原法史さんに約束して五年が経過、やっと「筆債」を返すことができる。編集部の永田士郎さんにもお世話になった。

いつものことながら、横浜市立大学図書館、横浜開港資料館、横浜市中央図書館、東京大学総合図書館、国立国会図書館、アメリカ国立公文書館など、豊富な歴史資料を所蔵する諸機関を利用した。貴重な歴史資料を収集・管理・運営する事業は、地味な作業のため軽視されがちだが、人類の遺産を継承し、次世代へと発展させる貴重な仕事であると思う。

最後に、仕事上のパートナーでもある加藤光に謝意を表したい。

二〇〇三年十二月

加藤祐三

主な参考文献

主な史料

『大日本古文書　幕末外国関係文書』
『通航一覧続輯』
『続徳川実紀』
『大日本維新史料』
『徳川禁令考』石井良助校訂
『御触書天保集成』
『江戸町触集成』
『藤岡屋日記』
『神奈川県史』『志木市史』『逗子市史』『富津市史』『横浜市史』『東京市史稿』『茨城県史料』『水戸藩史料』『静岡県史』『韮山町史』『長崎県史』など各地の地方史
『関口日記』
『和蘭風説書集成』
『大日本維新史料類纂之部　井伊家史料二』
『島津斉彬文書』
『武江年表』
『江川坦庵全集』
『環海異聞』
『日本海防史料叢書』

『嘉永新聞』
『中浜万次郎集成』
マクドナルド『日本回想記』
U. S. National Archives, General Records of the Department of State and the Navy.
『アメリカ議会文書』The U. S. Congressional Documents.
第33議会第2会期の上院宛海軍長官報告書（上院751-34）は、ペリー派遣に伴う指示、海軍省とペリーの公的往復文書など重要文書を収録、ほかに上院620-59などを参照。
『イギリス議会文書』British Parliamentary Papers.
編集復刻版 Area Studies として、China と India がある。
A Compilation of the Messages and Papers of the Presidents, 1789-1897, 10 vols., compiled by J. D. Richardson.
ホークス編／加藤祐三監修／オフィス宮崎訳『ペリー艦隊日本遠征記』（完訳　全三巻）一九九七年
同訳書の第一巻は、加藤祐三・伊藤久子の解説つきで二冊本として二〇〇九年に再刊
本書の訳は土屋喬雄・玉城肇訳『ペルリ提督日本遠征記』など他にあり。原書名：F. L. Hawks ed., Narrative of the Expedition of an American squadron to the China Seas and Japan, performed in the years 1852, 1853, and 1854, 3vols., 1856.
ウィリアムズ／洞富雄訳『ペリー日本遠征随行記』
原書名：S. W. Williams, A Journal of the Perry Expedition to Japan (1853-1854), 1910.
F. W. Williams, The Life and Letter of Samuel Wells Williams, LL. D. Missionary, Diplomatist, Sinologue, 1889.
ピノオ編／金井圓訳『ペリー日本遠征日記』一九八五年

原書名：R. Pineau ed., The Japan Expedition, 1852-1854: The Personal Journal of Commodore Matthew C. Perry, 1968.
The Chinese Repository 誌　一八三二–五一年
シーボルト／中井晶夫他訳『日本』
原書名：Ph. F. von Siebold, Nippon, 1832-1852.
横須賀開国史研究会編『彼理日本紀行～ペリーと浦賀～』
内川芳美・宮地正人監修『外国新聞に見る日本』
ドンケル＝クルチウス／フォス美弥子編訳『幕末出島未公開文書』一九九二年
横浜開港資料館『ペリー来航と横浜』（展示図録）　二〇〇四年

主な研究書

研究書は刊行年の順に並べた。

A. Starbuck, History of the American Whale Fishery, 1878.
Inazo Nitobe, The Intercourse between the United States and Japan,1891.（『新渡戸稲造全集』十三巻所収）
Frank M. Bennett, The Steam Navy of the United States, 1896.
米山梅吉『提督彼理』一八九六年
川路寛堂『川路聖謨之生涯』一九〇三年
J. W. Foster, American Diplomacy in the Orient, 1903.
桜木章『側面観幕末史』一九〇五年
大隈重信撰／副島八十六編『開国五十年史』一九〇七–〇八年

渡邊修二郎『阿部正弘事蹟』一九一〇年
井野辺茂雄『幕末史の研究』一九二七年
T. Wada, American Foreign Policy towards Japan during the Nineteenth Century, 1928.
E. P. Hohman, The American Whaleman, 1928.
徳富猪一郎（蘇峰）『近世日本国民史　三〇―三二巻』一九二九年
田保橋潔『近代日本外国関係史』一九三〇年　増補版　一九四三年
井野辺茂雄『維新前史の研究』一九三五年　新訂版　一九四二年
矢野仁一『アヘン戦争と香港』一九三九年
桑田透一『鯨族開国論』一九四〇年
W. G. Beasley, Great Britain and the Opening of Japan, 1951.
アメリカ学会訳編『原典アメリカ史　第三巻』一九五三年
鮎沢信太郎・大久保利謙『鎖国時代日本人の海外知識』一九五三年
開国百年記念文化事業会編『日米文化交渉史』一九五四-五六年
朝日新聞社横浜支局『黒船から百年』一九五四年
板沢武雄『日蘭文化交渉史の研究』一九五九年
小西四郎『開国と攘夷』一九六六年
S・E・モリソン／後藤優抄訳『ペリーと日本』一九六八年
　原書名：S. E. Morison, "Old Bruin": Commodore Matthew Calbraith Perry, 1794-1858, 1967.
F・ダレス／辰巳光世訳『日米交渉秘史（さむらいとヤンキー）』一九六九年
坂野正高『近代中国外交史研究』一九七〇年
石井孝『日本開国史』一九七二年

高橋恭一『浦賀奉行史』一九七四年
小堀桂一郎『鎖国の思想』一九七四年
佐藤誠三郎、R・ディングマン編『近代日本の対外態度』一九七四年
西順蔵編『原典中国近代思想史　第一冊』一九七六年
小西四郎『黒船来航』（『錦絵幕末明治の歴史1』）一九七七年
真鍋重忠『日露関係史』一九七八年
増田渉『西学東漸と中国事情』一九七九年
春名徹『にっぽん音吉漂流記』一九七九年
佐藤昌介『洋学史の研究』一九八〇年
宮永孝『ペリー提督』一九八一年
沖縄県沖縄史料編集所編『ペリー来航関係記録』一九八二年
加藤祐三『黒船前後の世界』一九八五年
加藤祐三『東アジアの近代』（ビジュアル版世界の歴史17）一九八五年
アルフレッド・タマリン／浜屋雅軌訳『日本開国』一九八六年
曾村保信『ペリーは、なぜ日本に来たか』一九八七年
藤田覚『幕藩制国家の政治史的研究』一九八七年
加藤祐三『黒船異変』一九八八年
原剛『幕末海防史の研究』一九八八年
山口宗之『ペリー来航前後　幕末外交史』一九八八年
金井圓『対外交渉史の研究』一九八八年
田中彰校注『開国』（『日本近代思想大系』）一九九一年

和田春樹『開国―日露国境交渉』一九九一年
田中彰『開国と倒幕』（集英社版日本の歴史15）一九九二年
加藤祐三『世界繁盛の三都――ロンドン・北京・江戸』一九九三年
園田英弘『西洋化の構造　黒船・武士・国家』一九九三年
浜屋雅軌『開国期日本外交史の断面』一九九三年
石井光太郎編『黒船来航と横浜』一九九三年
岸田秀・バトラー『黒船幻想』一九九四年
平尾信子『黒船前夜の出会い―捕鯨船長クーパーの来航』一九九四年
松本健一『開国のかたち』一九九四年
加藤祐三『黒船前後の世界』（増補文庫版）一九九四年
安達裕之『異様の船』一九九五年
三谷博『明治維新とナショナリズム』一九九七年
仲田正之『韮山代官江川氏の研究』一九九八年
P・ワイリー／興梠一郎訳『黒船が見た幕末日本』一九九八年
宮地正人『幕末維新期の社会的政治史研究』一九九九年
岩下哲典『幕末日本の情報活動』二〇〇〇年
土居良三『開国への布石―評伝・老中首座阿部正弘―』二〇〇〇年
S・E・モリソン／座本勝之訳『伝記　ペリー提督の日本開国』二〇〇〇年
笠原潔『黒船来航と音楽』二〇〇一年
三輪公忠『ペリーの「白旗」』二〇〇一年
浦賀近世史研究会編『南浦書信―ペリー来航と浦賀奉行戸田伊豆守氏栄書簡集』二〇〇二年

岸俊光『ペリーの白旗』二〇〇二年
井上勝生『開国と幕末変革』(『日本の歴史』18巻) 二〇〇二年
山本詔一『ヨコスカ開国物語』二〇〇三年
植木静山『ペリー来航　日本開国への途』二〇〇三年
三谷博『ペリー来航』(日本歴史叢書) 二〇〇三年

●なお、本書の原本刊行後に出版されたおもな史料、研究書としては、以下のものがある。

森田朋子『開国と治外法権』二〇〇四年
岩下哲典『予告されていたペリー来航と幕末情報戦争』二〇〇六年
井上勝生『幕末・維新』(『シリーズ日本近現代史』1) 二〇〇六年
今津浩一『ペリー提督の機密報告書』二〇〇七年
加藤祐三『開国史話』二〇〇八年
今津浩一『ペリー提督と開国条約』二〇一一年
堀孝彦『開国と英和辞書―評伝・堀達之助』二〇一一年
荒野泰典・石井正敏・村井章介編著『近代化する日本』(『日本の対外関係』7) 二〇一二年
神奈川県立歴史博物館『特別展　ペリーの顔・貌・カオ―「黒船」の使者の虚像と実像―』(展示図録) 二〇一二年

学術文庫版のあとがき

ペリー来航と日米和親条約はよく知られている。しかし、ペリー来航(「原因」)と日米和親条約(「結果」)を結びつける中間「過程」の情報が十分でないため、ペリー艦隊の黒船に恐れをなし、幕府が屈辱的な条約を強いられたとする「誤解」がいまなお広く流布している。

私がこの「誤解」に気づいたのは三十余年前、在外研究のためイギリスに滞在、収集した資料をもとに『イギリスとアジア—近代史の原画』(岩波新書　一九八〇年)を執筆していた時であった。主題は「一九世紀アジア三角貿易」。

イギリスは生活に深く根づいた中国産紅茶の対価で流出する銀(塊)を取り返そうと、一七七三年、植民地インドで専売制のアヘン生産を開始、中国や東南アジア諸国への密輸を進めた。清朝中国はアヘン禁輸を政策とし、両者の対立はついにアヘン戦争(一八三九〜四二年)に発展する。

圧倒的な海軍力で戦勝国となったイギリスは、アヘン密輸を急増させ、一八五八年の天津条約でついにアヘン貿易を自由化し、合法商品とした。

一方、日本におけるアヘン問題について同書の第九章で「なぜ日本はアヘンの被害を受けなかったのか」と問い、日本がイギリスではなくアメリカと最初の条約（一八五四年の日米和親条約及び一八五八年の日米修好通商条約）を結んだこと、一門の発砲もなく交渉を通じて成立した条約であること、アメリカ側にアヘン禁輸の外交意志があったこと等を述べた。

アヘン問題は国際政治の一つの象徴である。これにとどまらず、世界・アジア諸国・日本をめぐる国際政治を一体として把握するなかで、ペリー来航と日本開国・横浜開港の歴史を解明したいと考え、論文を連載、のち『黒船前後の世界』（岩波書店一九八五年）にまとめた。

弱肉強食を当然とする十九世紀の世界史のなかで、日本の開国開港は植民地化ではなく、また中国のような戦争の結果（「敗戦条約」）でもなく、話し合いで成立した。この「交渉条約」の意義を重視し、概念図「近代国際政治（四つの政体）」で表現した（本書二五四ページ所収）。

本書は、近代アジア史・世界史の延長として幕末開国を考察したものである。従来の幕末開国史の研究には大きく三つの系譜がある（「主な参考文献」参照）。

（1）Inazo Nitobe（1891）や T. Wada（1928）等、日本人学者による日米関係史、（2）大隈重信撰／副島八十六編『開国五十年史』（一九〇七年）、徳富猪一郎（蘇峰）『近世日本国民史』（一九二九年）等の啓蒙的な研究、（3）井野辺茂雄『幕末史の研究』（一九二七年）、田保橋潔『近代日本外国関係史』（一九三〇年）、石井孝『日本開国史』（一九七二年）等、日本史家による本格的な幕末対外関係史の研究である。これらの研究と拙著とは系譜が異なる。

幕府外交の出発点はアヘン戦争情報の収集・分析・政策化である。アヘン戦争に至る貿易構造（アジア三角貿易）や専売制という植民地財政の構造、それを支持する強力な海軍力等を俯瞰して初めて当時の国際政治が分かる。

日本の鎖国政策は軍艦等の外洋船を持たないことを柱としていた。アヘン戦争の分析から列強との軍事格差を痛感した幕閣は、戦争を回避する「避戦」（「天保薪水令」）を外交の基本方針に据える。

この頃からアメリカ船の来航だけが急増、いずれの事案も話し合いで解決した。幕府は日米の漂流民が太平洋をはさみ両国を結びつけている現実を感じとる。また外国船の来航履歴や接触の蓄積から、親米・親露と反英・反仏を区分けし、それがまた世論にもなっていった。

一八五三年七月八日、浦賀沖に四隻のペリー艦隊が現れる。浦賀奉行所の与力とオランダ通詞を乗せた小舟が近づき、第一声を英語で呼びかけた。"I can speak Dutch!"（「私はオランダ語が話せる」）。こうして日米両国はオランダ語を介して話し合いに入る。

七ヵ月後の一八五四年二月、九隻（うち蒸気軍艦は三隻）に増えたペリー艦隊が江戸湾に侵入した。会談場所は横浜村（戸数九十ほどの半農半漁の村）と決まり、幕府は応接所（「条約館」）を急造する。

三月八日、林大学頭復斎とペリー東インド艦隊司令長官の日米全権による史上初の「対話」が始まった。この席で両全権は基本的な合意に至る。日米両国が「対話」により、日米和親条約（国交樹立）を決めた瞬間である。

その後、贈り物の交換、招宴、さまざまなレベルの話し合いを重ねて相互理解を深め、三週間後の一八五四年三月三十一日、日米和親条約（全十二ヵ条）の締結を果たす。

黒船に恐れをなし、屈辱的な条約を強いられたのではない。幕府による日本最初の本格的外交が平和裏の開国をもたらしたのである。長い間の歴史の誤解を解き、日米関係の原点に至った思いがする。

文庫化にあたり、編集部の梶慎一郎さんにお世話になった。なお本書は若干の補正を施すとともに、参考文献を数点加えている。

二〇一二年　盛夏

加藤祐三

本書の原本は、二〇〇四年に筑摩書房より刊行されました。

加藤祐三（かとう　ゆうぞう）

1936年東京生まれ。東京大学文学部卒。専門は近代アジア史，日本近代史。横浜市立大学教授，同大学学長，都留文科大学学長を経て，現在，横浜市立大学名誉教授，都留文科大学名誉教授。おもな著書に『イギリスとアジア』『黒船前後の世界』『黒船異変』『世界繁盛の三都―ロンドン・北京・江戸』『地球文明の場へ』，共著に『アジアと欧米世界』ほか。

講談社学術文庫

定価はカバーに表示してあります。

幕末外交《ばくまつがいこう》と開国《かいこく》

加藤祐三《かとうゆうぞう》

2012年9月10日　第1刷発行
2020年1月10日　第5刷発行

発行者　渡瀬昌彦
発行所　株式会社講談社
東京都文京区音羽2-12-21 〒112-8001
電話　編集（03）5395-3512
販売（03）5395-4415
業務（03）5395-3615
装　幀　蟹江征治
印　刷　豊国印刷株式会社
製　本　株式会社国宝社
本文データ制作　講談社デジタル製作

ISBN978-4-06-292133-6

「講談社学術文庫」の刊行に当たって

これは、学術をポケットに入れることをモットーとして生まれた文庫である。学術は少年の心を養い、成年の心を満たす。その学術がポケットにはいる形で、万人のものになることは、生涯教育をうたう現代の理想である。

こうした考え方は、学術を巨大な城のように見る世間の常識に反するかもしれない。また、一部の人たちからは、学術の権威をおとすものと非難されるかもしれない。しかし、それはいずれも学術の新しい在り方を解しないものといわざるをえない。

学術は、まず魔術への挑戦から始まった。やがて、いわゆる常識をつぎつぎに改めていった。学術の権威は、幾百年、幾千年にわたる、苦しい戦いの成果である。こうしてきずきあげられた城が、一見して近づきがたいものにうつるのは、そのためである。しかし、学術の権威を、その形の上だけで判断してはならない。その生成のあとをかえりみれば、その根は常に人々の生活の中にあった。学術が大きな力たりうるのはそのためであって、生活をはなれた学術は、どこにもない。

開かれた社会といわれる現代にとって、これはまったく自明である。生活と学術との間に、もし距離があるとすれば、何をおいてもこれを埋めねばならない。もしこの距離が形の上の迷信からきているとすれば、その迷信をうち破らねばならぬ。

学術文庫は、内外の迷信を打破し、学術のために新しい天地をひらく意図をもって生まれた。文庫という小さい形と、学術という壮大な城とが、完全に両立するためには、なおいくらかの時を必要とするであろう。しかし、学術をポケットにした社会が、人間の生活にとってより豊かな社会であることは、たしかである。そうした社会の実現のために、文庫の世界に新しいジャンルを加えることができれば幸いである。

一九七六年六月

野間省一

日本の歴史・地理

貝塚爽平著
富士山の自然史
三つのプレートが出会う場所に、日本一の名峰は、そびえ立っている。日本・東京の地形の成り立ちと風景と足下に隠された自然史の読み方を平易に解説する。ロングセラー『東京の自然史』の入門・姉妹編登場。

2212

橋本一夫著
幻の東京オリンピック　１９４０年大会 招致から返上まで
関東大震災からの復興をアピールし、ヒトラーやムソリーニとの取引で招致に成功しながら、日中戦争勃発で返上を余儀なくされた一九四〇年の東京オリンピック。戦争と政治に翻弄された人々の苦闘と悲劇を描く。

2213

五味文彦著
鎌倉と京　武家政権と庶民世界
中世とは地方武士と都市庶民の時代だった。武家政権の誕生前夜から鎌倉幕府の終焉にかけての、生活の場とその場での営為を通して、自我がめざめた「個」の時代の相貌を探究。中世日本の実像が鮮やかに甦る。

2214

家近良樹著
江戸幕府崩壊　孝明天皇と「一会桑」
薩長を中心とする反幕府勢力が武力で倒幕を果たしたという常識は本当か。王政復古というクーデタ方式が採られた理由とは？　孝明天皇、一橋、会津、桑名藩という知られざる主役に光を当てた画期的な幕末史！

2221

宮脇俊三著
全線開通版　線路のない時刻表
完成間近になって建設中止となった幻のローカル新線。その沿線を辿る紀行と、著者作成による架空の時刻表を収録した。第三セクターによる開業後の実乗記を加えた、全線開通版。付録として、著者の年譜も収録。

2225

宮尾しげを著
すし物語
大陸から伝来した馴れ鮓は押しずしを経て、江戸期に一夜ずし、にぎりずしとなる。すしの歴史から江戸・明治の名店案内、米・魚・のりなどの材料の蘊蓄、全国各地のすし文化まで、江戸文化研究家が案内する。

2234

日本の歴史・地理

長谷川 伸著（解説・野口武彦）
相楽総三とその同志

歴史は多くの血と涙、怨みによって成り立っている。薩長に「偽官軍」の汚名を着せられて刑死した相楽総三率いる赤報隊。彼ら「草莽の志士」の生死を丹念に追うことで、大衆文学の父は「筆の香華」を手向けた。

2280

藤田尚徳著（解説・保阪正康）
侍従長の回想

敗戦必至の状況に懊悩する昭和天皇。終戦の決断に至るまでに何があったのか。玉音放送、マッカーサーとの会見、そして退位論をめぐって示した君主としての姿勢とは。激動期に側近に侍した著者の稀有の証言。

2284

伊藤之雄著
伊藤博文 近代日本を創った男

討幕運動、条約改正、憲法制定、そして韓国統治と暗殺。近代国家を創設した最大の功労者の波乱の生涯と、「剛凌強直《ごうりょうきょうちょく》」たる真の姿を描き切る。従来の「悪役イメージ」を覆し、その人物像を一新させた話題の書。

2286

小林英夫著
満鉄調査部

戦時経済調査、満蒙・ソ連研究、華北分離政策などの活動実態から、関東憲兵隊との衝突、戦後日本の経済成長やアジア研究への貢献まで。満洲から国策を先導した、「元祖シンクタンク」満鉄調査部の全貌に迫る。

2290

酒井直樹著
死産される日本語・日本人 「日本」の歴史―地政的配置

「日本語」や「日本人」は、近代に生まれたときには、古代に仮設した共同体と共にすでに死んでいた……。斬新かつ挑発的な問題提起で、刊行当初から幾多の議論を巻き起こした話題の書に新稿を加えた決定版。

2297

今村啓爾著
日本古代貨幣の創出 無文銀銭・富本銭・和同銭

日本最古の貨幣とはなにか？ 無文銀銭→富本銭→和同銀銭→和同銅銭……。謎が謎を呼ぶ古代日本貨幣史に考古学と文献学の知見を総動員して挑む。律令国家による銅銭導入の意図と背景を解明する画期的著作！

2298